Adolph Wagner

Die Abschaffung des privaten Grundeigentums

Adolph Wagner

Die Abschaffung des privaten Grundeigentums

ISBN/EAN: 9783744638456

Hergestellt in Europa, USA, Kanada, Australien, Japan

Cover: Foto ©Andreas Hilbeck / pixelio.de

Weitere Bücher finden Sie auf **www.hansebooks.com**

DIE ABSCHAFFUNG

DES

PRIVATEN GRUNDEIGENTHUMS.

VON

DR. ADOLPH WAGNER,
O. O. PROF. DER STAATSWIRTHSCHAFT IN FREIBURG I. B.

LEIPZIG,
VERLAG VON DUNCKER & HUMBLOT.
1870.

VORWORT.

Die kleine Arbeit, welche ich hier der Oeffentlichkeit übergebe, ist nach Form und Inhalt für einen allgemeineren Leserkreis, welcher an einer der wichtigsten socialpolitischen und wirthschaftlichen Fragen unserer Zeit Interesse nimmt, bestimmt. Sie ging aus einem hierselbst gehaltenen öffentlichen Vortrag hervor und erscheint auf den Wunsch einiger der Arbeiterfrage nahestehender Praktiker im Druck.

Die beigefügten Noten sind ausschliesslich literarischen Inhalts. Sie geben dem nichtfachmännischen Leser einige Schriften an, woraus er sich weitere Belehrung holen und worin er nähere Ausführungen und Begründungen, als ich sie hier geben durfte, finden kann. Namentlich aber sollen sie etwas specieller in der Literatur über die russischen Agrarverhältnisse orientiren. Der Zweck dieser Schrift erlaubte es jedoch und meine eigene wie die bei uns allgemein zu vermuthende Unkenntniss der russischen Sprache brachte es dabei mit sich, sich auf die in deutscher oder französischer Sprache erschienenen Schriften zu beschränken.

FREIBURG i. B., 17. April 1870.

Adolph Wagner.

INHALT.

		Seite
I.	Das Grundeigenthum vor dem socialdemokratischen Arbeitercongress in Basel	1
II.	Das Privateigenthum am Grund und Boden in seiner gesellschaftlich nothwendigen und berechtigten Entwicklung	25
III.	Das Gemeineigenthum am Grund und Boden nach russischen Erfahrungen	49
Noten		78

I.

Das Grundeigenthum vor dem socialdemokratischen Arbeitercongress in Basel.

Im September 1869 hat der vierte Congress des Internationalen Arbeiterbundes in Basel unter anderen auch Beschlüsse über die Abschaffung des Privateigenthums an Grund und Boden und über die Einführung eines Collectiv- oder Gesammteigenthums an demselben gefasst. Beschlüsse, welche an Tragweite etwa nur von den gleichzeitig gefassten über die Beseitigung des Erbrechts übertroffen werden.

Die Begründung dieser Beschlüsse findet sich in den amtlichen Congressberichten, welche sich über die Vorberathungen der Commissionen und die Verhandlungen der Plenarversammlung verbreiten.[1] Leider ist diese Begründung sehr dürftig, wobei dahin gestellt bleiben mag, in wie weit die Verhandlungen in diesen amtlichen Berichten noch oberflächlicher und wüster erscheinen, als sie wirklich waren.

Wer so gewaltige wirthschaftliche und sociale Umwälzungen befürwortet, wie sie die Abschaffung des privaten Grundeigenthums und des Erbrechts wären, hat nothwendig zwei Aufgaben zu lösen. Er muss die Verderblichkeit solcher Einrichtungen, welche allgemein als die bewährte Grundlage jeder höher entwickelten bürgerlichen Gesellschaft vorgefunden werden, ruhig und unbefangen nachweisen und er muss, wenn ihm dies gelungen ist, ein neues positives Programm aufstellen und begründen, welches die dargelegten Schäden des bestehenden Zustandes nicht befürchten lässt und vor allen Dingen zugleich praktisch ausführbar ist. Wer sich diese beiden Aufgaben nicht einmal stellt, der handelt leichtfertig. Er handelt aber nichtswürdig zugleich, wenn er sich nicht scheut, mit solch unfertigen Doctrinen an die Leidenschaften der Menge zu appelliren. Dieser Vorwurf trifft schon den einzelnen Agitator, wie viel mehr einen ganzen Verein, der in dieser Weise vorgeht. Er kann dem Internationalen Arbeiterbunde und demjenigen Theile der socialdemokratischen Partei, welchen er vertritt, nicht erspart werden.

Mit einer Phrase wird die Frage nach der Verderblichkeit des Privateigenthums am Boden erledigt: die unermesslichen Uebelstände dieses Privateigenthums seien den Parteigenossen so allbekannt, überhaupt so in die Augen springend, dass man darüber gleich hinweg zu einer anderen Frage übergehen könne.

Mit der offenen, fast höhnischen Erklärung, dass es überflüssig sei, sich über die Ausführung der Idee des Collectiveigenthums auszusprechen, wird die Frage über die Ausführbarkeit des Princips bei Seite geschoben. — Wie einer der Redner, leider ein Deutscher, sagte: sobald die Gemeinschaftlichkeit einmal bestimmt sei, werde sich alles Andere schon machen.[2])

Auch in Betreff der anderen einzelnen Fragen, welche sich an die weittragenden Beschlüsse des Congresses knüpfen, macht sich der socialdemokratische Arbeiterbund die Sache leicht. Gleich als oberste Frage ward die aufgestellt, ob die Gesellschaft das Recht habe, Privateigenthum an Grund und Boden abzuschaffen und in gemeinsames Eigenthum umzuwandeln. Diese Frage wird von Commission und Congress mit grosser Majorität bejaht. Die Begründung wird durch den Hinweis auf die an sich unzweifelhafte Möglichkeit einer anderen Regelung des Verhältnisses der Herrschaft des Menschen über den Boden, als der jetzt bestehenden, wo Privatgut und Privatgenuss existirt, und durch den behaupteten geschichtlichen Ursprung des Privatgrundeigenthums zu liefern gesucht. Das ursprünglich gemeinschaftliche Grundeigenthum sie nur durch Gewalt und die verwerflichsten Mittel aller Art in Privateigenthum verwandelt worden. Es kann aber nichts Falscheres geben, als eine Behauptung dieser Art in dieser Allgemeinheit. Die Entstehung des Privateigenthums am Boden ist regelmässig ein langsamer, durchaus nothwendiger volkswirthschaftlicher Entwicklungsprocess. Die grosse Ungleichheit in der Vertheilung des Grundeigenthums muss aber viel öfter auf eine der Socialdemokratie unliebsame, desshalb gern von ihr unterschlagene Thatsache zurückgeführt werden, als auf die Gewalt des Einen gegen den Anderen. Jene Thatsache besteht in dem mächtigen, schliesslich immer entscheidenden Einfluss, welchen die ungleiche wirthschaftliche und sittliche Tüchtigkeit der einzelnen Bodenbebauer auch auf diesem Gebiete ausübt. Grade beim Uebergang von einer niederen zu einer höheren Stufe der Landwirthschaft, wie er im Augenblick zum Beispiel in Russland gemacht werden muss, fürchtet man vor allen Dingen immer bei einer freieren Verfügung der Einzelnen über das Grundeigenthum, dass die Untüchtigen bald von den Fleissigeren, Mässigeren, Strebsameren, Verständigeren »ausgekauft« oder ihres Bodens »enteignet« werden möchten.[3)] Die Unterschiede in den Fähigkeiten, wirthschaftlichen Leistungen und in der Sittlichkeit werden immer wieder Ungleichheiten im Bodenbesitz und die Nichtbesitzlichkeit vieler Individuen herbeiführen. Diese letzte und entscheidendste Ursache aller Vermögensungleichheit ist gar nicht zu beseitigen, denn sie liegt in der tiefsten Natur des Menschen. Der Socialdemokrat, wie andere Dogmenfabrikanten, lässt sich dadurch nicht aufhalten und decretirt einfach den »inneren Umschwung« aller menschlichen Auffassungen.

Wie das Recht, so erkennt der Internationale Arbeitercongress auch die Nothwendigkeit an, das Privateigenthum am Boden in gemeinschaftliches umzuwandeln. Der Privatgrundbesitz wird ähnlich wie der Kapitalbesitz als das Mittel angeklagt, durch welches die besitzende Classe die Herrschaft über die nicht besitzende erlange und vollends zur eisernen mache. Wie leicht diese Herrschaft jedoch verglichen mit derjenigen ist, welche das System gemeinschaftlichen Eigenthums unvermeidlich mit sich bringt, davon wird wohlweislich geschwiegen. Auch die wenigen Beispiele einer Art Agrarcommunismus auf schon etwas höheren Wirthschaftsstufen zeigen uns, dass zum Ersatz des in unserem System des Privateigenthums wirksamen persönlichen Interesses ein Zwang der Gesammtheit, also m. a. W. doch wieder der Vorstände der Gesammtheit über den Einzelnen nothwendig würde, der viel unerträglicher und doch in productiver Hinsicht viel unwirksamer wäre.

In der praktischen Hauptfrage, «auf welche Art und Weise denn der einst in Gemeinschaft übergegangene Grund und Boden bebaut und ausgebeutet werden solle», gingen die Ansichten in der Commission des Congresses auseinander. Um so bezeichnender, da man doch die Ausführbarkeit der Ideen gar nicht näher erörterte und nur einige Formeln und Schlagworte aufstellen wollte. Eine Majorität war der Meinung, dass der Boden durch die solidarisirten Gemeinden bebaut und ausgebeutet werden sollte. Dieses Programm, als das unklarere, bei dem man eben nur ein vieldeutiges, desshalb nichtssagendes Schlagwort aufstellte, eignete sich der Congress an. Eine Commissionsminorität glaubte, dass die Gesellschaft den Boden einzelnen Ackersleuten oder womöglich Ackerbaugenossenschaften gegen Zahlung einer Pachtrente an die Gemeinschaft übergeben müsse. Dieses gemässigtere, vernünftigere, von den bestehenden Verhältnissen weniger abweichende Programm fand keinen Beifall. Man fürchtete, ohne die Vortheile für die Steigerung der Production auch nur zu erwägen, die Pächter könnten während der Pachtzeiten bei feststehendem Pachtzins wieder selbst eine, nach der Parteidoctrin nur der Gesammtheit gehörige Grundrente für sich erwerben. Auch könne sich zu leicht aus dem Pachtverhältniss mit der Zeit wieder ein Sondereigenthum bilden.

Der Congress war zufrieden, vorläufig das Problem des Grundeigenthums in diese Formel von der Einführung eines Collectiveigenthums und dessen Ausnutzung durch die solidarisirte Gemeinde gefasst zu haben. Er begnügte sich wie andere Versammlungen mit dieser Aufstellung eines neuen heilkräftigen und segensreichen Dogma's für die gläubige Menge der ländlichen Proletarier und ging nach Hause, seine Sectionen mit dem Studium der praktischen Mittel und Wege zur Einführung des collectiven Grundeigenthums während der Zeit bis zum nächsten Congress betrauend.

Nur eine Section, die Brüsseler, hat über die Frage schon auf dem Baseler Congress etwas eingehender und verständiger Bericht erstattet. Auch sie erkennt die Nothwendigkeit des Gesammteigenthums am Boden und das Recht der Gesammtheit, dieses Eigenthum in Anspruch zu nehmen, an. Dieselbe gesellschaftliche Nothwendigkeit, welche einst die Schaffung des Privateigenthums am Boden geboten habe — soviel wird also doch zugegeben — verlange heute die Rückkehr desselben ins Gesammteigenthum. Von einer allmäligen Entwicklung der Dinge in dieser Richtung wird jedoch auch in dieser Section nichts erwartet; viel wahrscheinlicher werde eine Umwälzung die gewünschte Umgestaltung bringen. So wird bei jeder Gelegenheit offen mit der socialistischen Revolution gedroht.

Das gesellschaftliche Gesammteigenthum soll nach den Brüsseler Vorschlägen jedoch kein vollständiges Eigenthum sein. Es soll vielmehr nur folgende einzelne Rechte zum Inhalt haben: das Recht, die verschiedenen Bodenculturen zu bestimmen, das Recht, Andere auszuschliessen (vom Besitz? Eigenthum?), das Recht auf die Zubehörden, den Zuwachs, die Bodenrente.

Dagegen sollen den zeitgenössischen Bebauern (ob nicht

auch den künftigen, bleibt dahin gestellt) folgende Rechte verbleiben: das Recht auf das Eigenthum der Ernte, der Bodenerzeugnisse, mit Vorbehalt des Austausches; das Recht auf den Mehrwerth (durch Meliorationen?), auf die Vergütung der verwandten Arbeit, des Düngers u. s. w.; das Recht, innerhalb der bestimmten Grenzen die Art der Bebauung zu wählen, also wohl, da die Culturen, Wiesen, Aecker, Weinberge u. s. w. von der Gesammtheit festgesetzt werden, die Wahl des Fruchtwechsels, des einzelnen Getreides u. s. w.; die Gewissheit, den Boden während einer hinlänglich langen Zeit zu besitzen, womit unversehens ein Hauptgrund, der für Privateigenthum spricht, selbst zugegeben wird, freilich aber wieder die Gefahr entsteht, „gesellschaftliche Grundrente" zum Einkommen Einzelner ohne entsprechende Gegenleistung der letzteren werden zu sehen; endlich die Befugniss, vom »Lehen« zurückzutreten, wenn der Vortheil der Bebauer es erheischt.

Vieles bleibt in diesen Thesen unklar und schon wegen seiner aphoristischen Allgemeinheit unverständlich. Aber wenigstens liegen hier einige Keime für eine doch nicht von vornherein ganz undenkbare Gestaltung der Dinge auf der Basis der neuen Principien vor.

Leider sind diese Keime auf dem Congresse nicht weiter entwickelt worden. Die Redner, zumal die deutschen, blieben regelmässig in schwülstigen Phrasen stecken. Auch die geschichtlichen und noch in der Jetztzeit vorliegenden Erfahrungen mit Gemeineigenthum in dieser oder jener Form blieben so gut wie unerwähnt, bezeichnend für den bodenlosen Radicalismus einer alle Realitäten missachtenden Partei. Fast wie Spott erscheint es, wenn unter den allgemeinen Declamationen ein Engländer mit Erfahrungen über Collectiveigenthum unter — amerikanischen Rothhäuten aufwartet.*) Das für die Frage des Collectiveigenthums so interessante und lehrreiche Beispiel des Gemeineigenthums der russischen Dorfgemeinde scheint, vielleicht absichtlich, nicht näher zur Sprache gekommen zu sein, obgleich Russen, Bakunin voran, wie bei allen unreifen und überspannten Projecten zur Umgestaltung der Gesellschaft an der Spitze der internationalen Arbeiterbewegung stehen und die *faiseurs* sind.⁵)

Die Beschlüsse des Baseler Arbeiterconcils können nun freilich nicht mehr Anspruch darauf machen, besonders beachtet zu werden, als so manche andere Concilbeschlüsse, durch welche heutzutage die Welt aus den Angeln gehoben und die Dinge auf den Kopf gestellt werden sollen. Es ist auch hier sicher dafür gesorgt, dass die Vernunft Sieger bleibt. Am wenigsten haben wohl die bodenbesitzenden Classen auf die Dauer selbst von den Beschlüssen des Arbeitercongresses zu fürchten. Aber damit ist nicht gesagt, dass die Verbreitung toller und verbrecherischer Lehren nicht doch vorübergehend Unheil genug anstiften kann, wenn man rücksichtslos an die Urtheilslosigkeit und Leidenschaft der Menge appellirt. Grade dies verlangt der Arbeiterbund von seinen Sectionen, seinen Angehörigen. Wie er dabei verfährt und wie der Zweck die Mittel heiligen muss, das zeigt ein anderer Vorgang.

Am 16. November 1869 hat das „Centralcomité der Sectionsgruppe deutscher Sprache" von Genf aus ein „Manifest an die landwirthschaftliche Bevölkerung" erlassen, das an Deutlichkeit der Absichten bei aller abermaligen Phrasenfülle nichts zu wünschen übrig lässt. ⁶) Dies Manifest versucht die Baseler Beschlüsse aus der Theorie in die Praxis, aus der Versammlung der Führer und Vorsteher in die Hütten der ländlichen Arbeiter und Kleinbesitzer zu übertragen und unter beiden Propaganda für das neue Evangelium vom allein selig machenden Gesammteigenthum zu machen.

Ausdrücklich wendet sich das Manifest nicht blos an die Taglöhner, „die Taglöhner anderer Herren", wie sie hier genannt werden, oder die bereits „völlig Enterbten". Vornehmlich fasst es die kleinbäuerlichen Besitzer, die „ihre eigenen Taglöhner" seien, ins Auge. Es ist ja zunächst für Südwestdeutschland berechnet. Das Manifest prophezeit den sicheren Untergang der kleinbäuerlichen Bewirthschaftung des Bodens. Die Ursache hierfür wird selbstverständlich nach socialdemokratischer Lehre in der Allmacht des Kapitals gefunden, aber bemerkenswerther Weise diesmal doch darin nicht allein. Auch die grössere technische Vortheilhaftigkeit und überlegene wirthschaftliche Concurrenzfähigkeit der grossen Bewirthschaftung wird als wesentlich mitwirkende Ursache bezeichnet.

Auch diese Frage ist jedoch bekanntlich noch keineswegs so bestimmt entschieden, wie hier behauptet wird.[7]) Schon die noch nicht ausgetragene Controverse über die Vortheile und Nachtheile und überhaupt über die Folgen der freien Bodentheilbarkeit für die Vertheilung des Grundeigenthums und die Gestaltung der Grössenverhältnisse der einzelnen Besitzungen beweist dies. Die Gegner der freien Bodentheilung, mag diese bei Vererbung oder Veräusserung des Bodens erfolgen, behaupten ja vielfach, dass der Grund und Boden hierbei allmälig in zu kleine Theile zerstückelt und die Zahl der Grundbesitzungen, also auch der Grundeigenthümer zu gross werde. Diese Befürchtungen sind zum Theil übertrieben. Dass sie von tüchtigen Kennern der Agrarverhältnisse mit plausiblen Gründen und mit manchen Erfahrungen unterstützt werden können, zeigt aber doch deutlich, wie man von der freien Bewegung, welche die „liberale Bourgeoisökonomie" empfiehlt, bisher grade die entgegengesetzte Gestaltung der Dinge als nothwendige Folge prophezeit hat: den Untergang des Grossgrundeigenthums und der grösseren Bauergüter.

Die Socialdemokratie stellt statistische Daten von fraglichem Werthe aus Grossbritannien zur Stütze ihrer These auf. Mit solchen einzelnen Zahlen ist aber nichts zu beweisen. Es lassen sich den brittischen andere französische, deutsche, russische

Daten entgegenstellen, welche wenigstens in öfteren Fällen eher für das Gegentheil sprechen. Im Ganzen erscheinen die englischen Verhältnisse mehr als Ausnahme und bei der grossen wirthschaftlichen und socialen Bedeutung des dortigen Pachterstandes auch als ungünstiger als sie wirklich sind. Denn die Trennung von Eigenthümer und Bewirthschafter beruht dort in ihrer neueren Entwicklung wenigstens zum Theile mit auf jenem grossen, alle Agrarverhältnisse beherrschenden Gesetze der mit höherer Bevölkerung und Cultur nothwendig steigenden Intensivität der Bodenbebauung. Ein wohlgeordnetes Pachtverhältniss bietet auf solcher Stufe der Wirthschaft den Vortheil, dass dem Boden zu seiner intensiveren Bebauung mehr und leichter Betriebskapital grade durch den Pächter zufliesst. Der Grundeigenthümer, welcher sein Gut verkauft und dann in Pacht nimmt, erhält im Kaufpreise sehr erwünschter Weise ein solches vermehrtes Betriebskapital, so dass diese Aussicht oft das Motiv zur „Enteignung der kleineren Grundbesitzer" wird.[8]) Dieser Process, wo der Vergrösserung der Grundbesitzungen eine Verkleinerung der Grundbewirthschaftungen zur Seite steht, contrastirt daher mit dem folgenden mehr scheinbar als in Wirklichkeit, wenn er auch in der bestimmten Form seiner Erscheinung durch die specifisch eigenthümlichen geschichtlichen, wirthschaftlichen und politischen Verhältnisse Grossbritanniens bedingt ist.

Sonst und zwar grade auf dem eigentlichen Continent (in Frankreich, Deutschland, den kleinen Zwischenländern und dem slawischen Osten) zeigt sich nämlich vielfach ein Entwicklungsprocess des Grundeigenthums, welcher mit dem von der Socialdemokratie prophezeiten in Gegensatz steht. Der Uebergang zu höherer Cultur ist hier bei steigender Volksdichtigkeit und starkerer Intensivität des Landbau's im Allgemeinen verbunden mit einer zunehmenden Verkleinerung der einzelnen Grundbesitzungen, also auch mit einer Vergrösserung der Zahl der

Grundbesitzer. Oder m. a. W. die Grundbesitzlichkeit der Masse der Bevölkerung wird stärker, mithin der Ausschluss der einzelnen Mitglieder der Gesellschaft von „ihrem kraft Menschenrechts ihnen zustehenden unveräusserlichen Antheil an der Mutter Erde" seltener. Einen schönen Beleg für diese Entwicklungstendenz des Grundeigenthums bietet u. A. die betreffende deutsche, resp. preussische Statistik, wenn man hier den Osten, besonders den Nordosten mit dem Westen vergleicht. Dort vorherrschend Gross- oder doch grösserer, hier Kleingrundbesitz, dort eine kleinere Quote der Bevölkerung, hier eine grössere Grundbesitzer, dort aber auch viel ungünstigeres Klima, geringere Volksdichtigkeit, weniger Städte und Industrie und in Folge von dem Allen eine weit geringere Nothwendigkeit intensiveren Bodenbau's als im Westen, wo die entgegengesetzten Verhältnisse die höhere Intensivität der Landwirthschaft nöthig machen, aber auch erst ermöglichen.

Die technischen Vortheile des Grossbetriebs, rationellere Leitung, grössere Arbeitstheilung, stärkere Verwendung von Maschinen, leichterer und wohlfeilerer Credit für Meliorationen, bessere Gelegenheit, die günstigen Conjuncturen auszunutzen u. s. w., treten in der Landwirthschaft nach der inneren Natur dieses Gewerbes dem Kleinbetrieb gegenüber weniger hervor, als in den Gewerken. Sie werden hier vielfach fast und öfters mehr als vollständig aufgewogen durch jenen einen grossen Vortheil des Kleinbesitzers, dass letzterer für seine eigene Rechnung die eigene Scholle bebaut, daher einen Fleiss und eine Liebe anwendet, welche im höheren Roh- und Reinertrage ihren wirthschaftlichen Ausdruck finden, ohne doch als Productionskosten angerechnet werden zu müssen. Einen solchen Fleiss kann der Grossgrundbesitz fast niemals erkaufen und soweit ihm dies möglich ist, muss er ihn hoch vergüten, so dass damit ein sehr merkliches (einzelwirthschaftliches) Productionskostenelement hinzutritt. Dieser Fleiss und diese Liebe des kleinen Privatbesitzers für seinen Boden fallen aber grade bei so entwickelten Wirthschaftsverhältnissen wie die heutigen in einem grossen Theile West- und Mitteleuropa's um so schwerer ins Gewicht, weil die grössere Bevölkerung und Gesittung, welche wieder bessere und mannigfaltigere Producte verlangt, nöthigen, der gegebenen Bodenfläche immer mehr abzugewinnen, d. h. sie immer intensiver, mit mehr Arbeit und Kapital zu bebauen. Die Arbeit dessen, »der sein eigener Taglöhner ist«, hat hier erst den wahren Werth, namentlich bei der Cultur mancher Handels- und Gartengewächse, Gemüse, Wein, also bei Producten, welche auf einer höheren Stufe der Civilisation immer mehr und in besserer Qualität begehrt werden. Der „Enteignungs- und Enterbungsprocess", welchem die Kleinbesitzer unter der Herrschaft des jetzigen socialen Systems rettungslos verfallen sein sollen, droht daher hier keineswegs so nothwendig, wie auch die Erfahrung zeigt. Das Concurrenzverhältniss eines grossen Theils des Kleinhandwerks gegenüber dem Fabrikwesen ist ungünstiger als dasjenige der ländlichen Kleinbesitzer gegenüber dem Grossgrundbesitz. [10])

Allerdings wird von der Socialdemokratie höhnisch eingewendet, die Bauern und andere Grundbesitzer seien in unserer Epoche der Kapitalherrschaft grossentheils nur scheinbar die Eigenthümer ihres Bodens. Denn letzterer sei durch seine Verschuldung dem Kapital tributpflichtig, daher denn vollends der Kleinbesitzer nicht viel mehr als der schollenpflichtige Hörige, welcher im Schweisse seines Angesichts für den Kapitalisten den Boden bebauen müsse. Allein hier wird wieder einmal aller Erfahrung entgegen eine im Ganzen nur seltene Ursache der Verschuldung des Grundbesitzes zur allgemeinen gemacht. Wenn der in Noth befindliche Grundeigenthümer Kapital gegen Verpfändung seines Grundstücks aufnimmt, um sich im Besitz erhalten, um seine Wirthschaft betreiben oder sich und seine Familie in einer schwierigen Periode ernähren zu können, so wird man noch allenfalls zugeben dürfen, dass der Grundbesitzer sich in einer Lage befinde, wie sie die Socialdemokratie schildert. Auch in diesem Falle ist ein solcher Zustand aber nicht zu verurtheilen, wenn er, der Regel nach, durch eigenes Verschulden des Grundeigenthümers bewirkt worden ist. Erfolgte dagegen die Kapitalaufnahme auf den Grundbesitz zum Zweck der Meliorationen, so passt die Bezeichnung des Grundbesitzers als eines durch das Kapital seines Bodens Enteigneten doch nicht im Mindesten. Derjenige Theil des Bodenwerths, welcher gewissermassen dem Hypothekengläubiger und nicht dem Eigenthümer gehört, repräsentirt hier ja nur das in den Boden gesteckte fremde Kapital.

Auch Meliorationsschulden bilden aber meistens nur eine nebensächliche Verschuldungsursache. „Der bei weitem grösste Theil der Immobiliarverschuldung resultirt vielmehr bei uns (in so vielen Gegenden Deutschlands) wo eben Freiheit des Grundeigenthums besteht, aus Besitzveränderungen — Erbtheilungen und Veräusserungen — und ist also aus Erbgeldern und rückständigen Kaufgeldern aufgelaufen," wie Rodbertus-Jagetzow so schön dargelegt hat." Die wirthschaftlichen Nachtheile dieses Zustands sind zum Theil wieder darauf zurückzuführen, dass die Verschuldungsform eine unpassende ist, indem der Grundbesitz mit Schulden nach Kapitalwerth, statt mit solchen bloss nach Rentenwerth belastet wird. Diese Nachtheile kommen indessen für unsere Frage nicht weiter in Betracht, ebenso wenig als die etwaigen Nachtheile der freien Veräusserung des Bodens und des gleichen Erbrechts der Kinder des Grundbesitzers. Die Verschuldung des Bodens, welche aus Erbtheilungen herrührt, entspricht vielmehr in einiger Beziehung dem socialdemokratischen Ideal, dass eine möglichst grosse Anzahl Mitglieder der Gesellschaft, am liebsten alle, einen Antheil an der Erde haben. Denn grade dies ist die schliessliche Folge der gleichen Erbtheilung unter den Kindern eines Grundeigenthüners. Derjenige Erbe, welcher das Gut übernimmt, hat seine Geschwister abzufinden und bis dahin ihre Erbtheile durch Verpfändung seines Grundeigenthums sicher zu stellen. Er ist so lange eigentlich nur theilweiser Grundeigenthümer. Damit wird ja aber gar nichts Anderes anerkannt, als dass, wie die Socialdemokraten wollen, der Einzelne kein Vorrecht auf den Boden haben soll. Letzterer gehört hier, wenn auch nicht Allen, so doch einer viel grösseren Anzahl Personen, als wenn das Gut auf einen Erben schuldenfrei übergeht und die anderen Geschwister nichts oder nur einen Antheil an der fahrenden Habe erhalten. Insofern muss die Thatsache der starken Verschuldung des Grundbesitzes, soweit hier die Eigenthümlichkeit gleichen Erbrechts einwirkt, von der Socialdemokratie folgerichtig gepriesen werden. Denn unverschuldeter Grundbesitz bewiese nach ihrem Standpuncte eine noch viel grössere Ungleichheit der Vertheilung des Grundeigenthums, und damit des Privateigenthums überhaupt, also ein noch weit schlimmeres Uebel.

Ganz ähnlich verhält es sich aber auch mit der zweiten Hauptursache der Bodenverschuldung. Rückständige Kaufgelder, welche als Hypothekenschulden eingetragen sind, repräsentiren doch eigentlich nur einen gewissen Theil des veräusserten Grundeigenthums, welcher noch dem Verkäufer oder dem früheren Besitzer gehört. Ist eine Anzahlung auf ein käuflich erworbenes Grundstück zum Theil mit fremdem, aufgeliehenem Kapital vom Käufer geleistet und demgemäss eine Hypothek auf den Grund und Boden eingetragen worden, so kommt auch hier bloss die Thatsache zum Vorschein, dass das Grundstück nominell nur einem, reell zweien Eigenthümern gehört. Eine allgemein verbreitete Verschuldung des Bodens in dieser Art, wie sie in Deutschland, Frankreich u. s. w. vorliegt, zeigt also wiederum nur, dass der Boden in viel grösserem Umfang im realen Eigenthum Vieler steht, als es nach den Grundbesitzverhältnissen den Anschein hat. Liegt darin nicht wenigstens eine Annäherung an das socialdemokratische Ziel, wenn auch keine volle Verwirklichung desselben, dass nämlich der Boden im Eigenthum Aller stehen soll?

Die Schilderung, welche das Genfer „Manifest an die landwirthschaftliche Bevölkerung" von den bestehenden Grundbesitzverhältnissen entwirft, und die Prophezeiung, welche es über das Schicksal der kleinbäuerlichen Grundbesitzer ausspricht, erweisen sich daher mindestens gesagt als durchaus einseitig, übertrieben und vielfach ganz falsch.

Als alleiniges Rettungsmittel preist das Manifest den Taglöhnern und Kleinbesitzern nun offen das **gesammtgesellschaftliche Eigenthum am Boden** an. Die Rechtfertigung dieses Universalrecepts für alle ländlichen „gedrückten" Classen ist ein gutes Beispiel dessen, was heutzutage einer leidenschaftlichen Demagogie an Verführungskünsten zu brauchen erlaubt ist; zugleich aber auch dessen, was an leeren hochklingenden Phrasen, tolldreisten Behauptungen und unmöglichen, mitunter förmlich wahnwitzigen Verheissungen unseren bethörten Arbeitern geboten werden darf. In den wenigen Sätzen des Manifestes ist die Quintessenz des ganzen ökonomischen Systems von Marx-Lassalle, der Bibel unserer Socialdemokraten, enthalten.[12]) Nur mit dem Glauben, nicht mit dem Verstande wird auch diese neue Heilslehre von ihren Aposteln und Jüngern erfasst.

„Die Erde" heisst es in dem Manifeste, „ist mit Allem, was darinnen, ein Geschenk der Natur und somit (!) ein unveräusserliches Gemeingut der ganzen Menschheit. Nur durch Waffengewalt hatten sich die Starken des Alterthums in den Besitz des Grund und Bodens gesetzt. Kein Raubgut aber wird durch Verjährung „rechtmässiges" Eigenthum und kann es ebenso wenig durch Schenkung oder Verkauf das rechtmässige Eigenthum eines Andern werden. Die Landkäufer sind von den Landräubern nur um die Verkaufssumme betrogen und die Käufer begehen an der Gesellschaft einen neuen Betrug. Darum (!) wie sich in alter Zeit die rohe Gewalt des Bodens bemächtigt hat, so bemächtigt sich desselben in der modernen Zeit die heimtückische Macht des Kapitals."

Was aber ist das Kapital?

„Das Kapital ist das Erzeugniss der gemeinsamen Arbeit aller vergangenen Zeiten. Denn ein Mensch allein erzeugt durch seine eigene Kraft kaum mehr, als er zu seinem Lebensunterhalte bedarf. Das Kapital entstand demnach aus der Anhäufung unbezahlter Löhne für erzeugte Arbeit. Wie die Gesammtgesellschaft nur allein die berechtigte Eigenthümerin allen Grund und Bodens ist, so ist die Gesammtgesellschaft auch nur allein berechtigte Eigenthümerin des Kapitals und aller Kapitalwerthe."

„Ein Kapitalist kann daher nur mit unrechtmässig erworbenen Kaufmitteln unrechtmässig erworbenen Grund und Boden anschaffen und desshalb aus doppelten Gründen nie Anspruch auf rechtmässiges Eigenthum machen. Ist demgemäss aller Grund und Boden Gemeingut der Gesellschaft, so kann er nie vertheilt oder sonst veräussert, sondern nur als Lehengut Ackerbaugenossenschaften zur Ausbeutung für die Gesammtgesellschaft übergeben werden."

So wird der sociale Krieg jetzt auch gegen das Grundeigenthum offen proclamirt wie bisher schon gegen das Kapital. Vom Standpunct kluger Parteitaktik aus gewiss ein Fehler des Internationalen Arbeiterbundes. Ihr Grundherren, die Ihr nicht ungern in der Socialdemokratie Bundesgenossen gegen die Bourgeoisie suchtet und mit jener liebäugeltet, beachtet ein wenig diese Ausdehnung des Kampfs. Heute mir, morgen Dir, — der Grundsatz, dass Eigenthum Fremdthum oder — Diebstahl sei, hat seine Consequenzen.

Wie soll nun dieses „neue Landsystem" eingeführt werden?

Gelegentlich kommt selbst bei den Herren des Genfer Manifests ein Korn Vernunft zum Vorschein. Die „völlige Umgestaltung der heutigen Zustände" ist das Ziel, aber sie nennen sie doch selbst ein Werk der Generationen, der Geschichte. Das unmittelbare positive Programm des Manifests ist viel bescheidener, es verlangt im Grunde vorläufig doch nur die Errichtung landwirthschaftlicher Productivgenossenschaften, nur mit einigen socialdemokratischen Zierrathen.[13]) Die *ultima ratio* nicht nur der Könige, sondern auch der besitzlosen Arbeiter steht freilich auch hier schon im Hintergrunde bereit, um die Fortentwicklung zur „Bewirthschaftung in demokratisch genossenschaftlicher Weise" einzuleiten und zu verbürgen. Die Taglöhner auf den grossen Gütern z. B. sollen neben dem Lohn einen Antheil am Reingewinn begehren und „sich durch diese Betheiligung mit der Leitung und Verwaltung der Geschäfte vertraut machen," damit sie zur Durchführung jener neuen Bewirthschaftung fähig sind, „wenn durch einen allgemeinen Umschwung der Dinge die autokratische Herrschaft der Gutsbesitzer beseitigt ist."

Dieser „allgemeine Umschwung" — er ist und bleibt das Ziel und mit der Vorbereitung auf ihn soll auch dem Manifest zufolge schon jetzt begonnen werden.

Dazu ist aber vor Allem nothwendig „der gründliche innere Umschwung aller Begriffe von Moral und Gerechtigkeit des lebenden Geschlechts." „Genuss ist der Lebenszweck, der gemeinschaftliche, durch Wissenschaft, Kunst und Gewerbfleiss veredelte Genuss der höchste Cultus." Alle werkthätigen Menschen sind zu diesem Genuss gleich berechtigt. Wer der Gesellschaft dabei hilft, ist Arbeiter, ist Bruder. Die Arbeiter aller Länder sind eine Familie, die Menschheit ist die eine Nation, die Erde das Vaterland.

Nun, da ist also der Kosmopolitismus des Manchesterthums noch weit überboten. Das Nationalitätsprincip vollends ein überwundener Standpunct. Seid umschlungen Millionen, vom Eskimo bis zum Botokuden und Feuerländer! —

Aber Ihr Arbeiter, so rufen Euch Eure Genfer Führer zu,

seid nun auch alle Eurer Menschenrechte gründlich bewusst, von Eurer Menschenwürde tief durchdrungen, gebet alle ererbten Vorurtheile und gemeinschädlichen Gewohnheiten auf, ermannt Euch, seid keine Knechte mehr, sondern allen Anderen ebenbürtige Menschen, machet Euch die socialdemokratischen Lebensanschauungen zu eigen, gebt Euch den daraus entspringenden Grundsätzen mit ganzer Seele hin.

„Nur die Gesammtgesellschaft allein", nur Ihr Arbeiter alle vereint also, „ist ein grosses Genie. Sie ist (wenn auch nur beziehungsweise, wie in einem seltenen Anflug von Bescheidenheit doch eingeschaltet wird) allwissend, allgegenwärtig, allmächtig und allgerecht und Herrin der Erde."

Eritis sicut Deus, Ihr werdet sein wie Gott, — es ist nur die alte Losung, denn was fehlt noch in diesem Programm! Freilich, manchem schlichten Bäuerlein und ehrlichen Grossknecht mag bei dieser aufgedrungenen Gottähnlichkeit wohl von vornherein bange werden und beide möchten den Aposteln der neuen Lehre in der ihnen eigenen etwas „bäuerischen", aber unzweideutigen Art den Heimweg weisen.

Aber möchte man nicht schmerzlich ausrufen: deutsches Volk, Du Volk Kant's, soll Dein hoher Pflichtbegriff so ganz diesem hohlen System des Genusscultus weichen? Edler Franklin, Du wahrer Arbeiterfreund, vergessen sie Dich so völlig um ihrer falschen Apostel willen, die Arbeiter, denen Du zuriefst: so Euch Einer sagt, Ihr könnet durch etwas Andres vorwärts kommen denn durch Fleiss und Arbeit, den meidet, — er ist ein Giftmischer! —

Gewiss, man wird über die an Tollheit streifende Naivetät staunen, dass unsere Bauern mit solchen aufgestutzten Phrasen gefangen werden sollen. Wer von Euch, ruft das Manifest den „Arbeiterbrüdern auf dem Lande" zu, den Geist dieses Aufrufs erfasst, der gehe von Haus zu Haus und von Dorf zu Dorf, die Genossen vom Schlummer der Ergebung in das alte

Joch zu erwecken, ihnen die Mittel und Wege der Erlösung zu verkünden, Brudervereine zu gründen und neue Apostel der Socialdemokratie heranzubilden, um schliesslich in Gemeinschaft mit den Arbeitern aller Länder das ökonomische und politische Doppeljoch zu zerschlagen! Pathos und Komik im schönsten Bunde!

Doch solche Wühlereien haben neben der lächerlichen ihre ernste Seite, die man nicht verkennen darf. Die volkswirthschaftliche Theorie mag die Unhaltbarkeit des ökonomischen Systems der Socialdemokratie darlegen, auch ohne deshalb die Einseitigkeiten des Smithianismus oder des „englischen Systems" und die praktischen Consequenzen davon im Manchesterthum zu billigen und sich bei dem „Ergebniss des freien Spiels von Naturkräften der heilsamsten und umfassendsten Art" stets zu beruhigen. Die Praxis mag die Unausführbarkeit jener neuen Grundsätze durchschauen. Vom Standpuncte unserer realen politischen und wirthschaftlichen Machtverhältnisse aus mag man die offenen und versteckten Drohungen verachten. Damit wird man die Verführten nicht bekehren und die Verführer nicht ganz unschädlich machen. Auch das bisher nur zu verbreitete Todtschweigen der Wühlereien jener Demagogie ist schwerlich das Richtige. Dafür ist die Sache zu wichtig, die Agitation zu leidenschaftlich, die Urtheilslosigkeit der Massen zu gross, die Beweisführung für die Besitzlosen und Wenigbestehenden zu verführerisch, auch manche Uebelstände des Bestehenden zu offenkundig, trotz oder oft richtiger wegen des absolut freien Spiels der Naturkräfte im System des blossen *Laissez faire*.

Vielmehr muss den Agitationen durch Belehrung und Aufklärung der Arbeiter über die gesunden und nothwendigen Grundlagen unserer wie jeder höher entwickelten Volkswirthschaft entgegengetreten werden. Dies wird am besten durch Isolirung der einzelnen Streitfragen geschehen. In der Frage des Grundeigenthums liegt dann folgende doppelte Aufgabe vor. Es ist einmal das Privateigenthum am Grund und Boden in seiner nothwendigen geschichtlichen Entwicklung und damit dann zugleich nachzuweisen, dass dieses Privateigenthum ein Interesse allerersten Rangs grade auch für die nicht grundbesitzenden Classen darstellt. Es sind sodann den Gegnern und den von ihnen Verführten die praktischen Erfahrungen entgegenzuhalten, welche wir über wenigstens ähnliche Gestaltungen eines Gemeineigenthums am Boden, wie sie die Socialdemokratie in Aussicht stellt, besitzen.

In ersterer Hinsicht liegt uns in West- und Mitteleuropa vielfach der Entwicklungsgang vom Gemeineigenthum zum Privateigenthum am Boden vor Augen. Die innere Nothwendigkeit und Gesetzmässigkeit dieses Entwicklungsgangs ist gar nicht schwer zu begründen. Die zufälligen historischen Formen, in welchen er sich vollzogen hat, die gelegentlich vorgekommene Vergewaltigung, durch welche grösseres Privateigenthum am Boden entstanden ist, — das sind nebensächliche Momente im Vergleich mit dem mächtigen ökonomischen Gesetz, welches den Uebergang fast allen Bodens in ein zugleich immer strengeres, ausschliesslicheres, durch keine andere dingliche Rechte beschränktes Privateigenthum bewirkt hat. Dieses Gesetz ist das der nothwendig mit zunehmender Bevölkerung und höherer Civilisation steigenden Intensivität des Landbau's. Es zeigt deutlich, wie sehr Privateigenthum am Boden im Interesse der Gesammtheit liegt.

In Betreff des zweiten vorerwähnten Punctes können die früheren geschichtlichen Erfahrungen mit Gemeineigenthum, sowie diejenigen mit vereinzelten Ueberbleibseln des Gemeineigenthums, welche sich auch noch in neuerer und neuester Zeit in Mittel- und Westeuropa finden, die Materialien zum Gegenbeweis liefern.[14]) Selbst die bekannten Verhältnisse des Allmendgutes in Südwestdeutschland, z. B. in Baden gestatten einige Rückschlüsse auf die ökonomischen und socialen Wirkungen eines Gemeineigenthums. [15])

Eine grossartigere und lehrreichere Erfahrung mit solchem Gemeineigenthum liegt jedoch in unserer unmittelbaren Gegenwart in dem eigenthümlichen socialpolitischen und wirthschaftlichen Institut der russischen Dorfgemeinde vor.[16]) Letztere beruht im Wesentlichen auf einem socialistischen Princip, wie es auch den Plänen des Baseler Arbeitercongresses zu Grunde liegt, wenngleich die praktische Durchführung eine verschiedene ist.

Der russische Bauer, sowohl der jetzt befreite als der früher leibeigene, welcher auf Kronsgut oder adligem Herrengut (in einigen Fällen auf alter eigener Gemarkung) dörflich angesiedelt ist, hat heute noch so wenig als vor dem Emancipationsgesetz von 1861 ein Privateigenthum an dem speciell landwirthschaftlichen Boden, den er bebaut oder benutzt, sondern nur ein auf Zeit gegebenes Nutzungsrecht. Das Eigenthum am Boden, beziehungsweise das immerwährende Nutzungsrecht, steht vielmehr der Dorfgemeinde als solcher zu. Diese vertheilt das Land periodisch neu und unentgeltlich zu gleichen Antheilen an alle ihre Angehörigen zu zeitweiser Benutzung. Unentgeltich erhält daher auch die neu gegründete Familie ihren Bodenantheil. Ebenso zieht die Gemeinde aber auch das Land wieder ohne Entschädigung ein, wenn sich eine Familie durch Tod auflöst, auswandert u. s. w. Nach Ablauf der Theilungsperiode wird alles Land von Neuem vereinigt und nach der Zahl der jetzt vorhandenen Haushaltungen und im Allgemeinen ganz ohne Rücksicht auf die bisherigen Besitzverhältnisse neu vertheilt. Zu diesen Bewirthschaftungsprincipien tritt dann noch das Rechtsprincip der solidarischen Haftung der Gemeinde für die privat- und staatsrechtlichen Lasten, welche auf dem einzelnen Bauern und seinem Landloose ruhen (Grundabgaben, Frohnden, Obrok, Kopfsteuer u. s. w.). Dies die allgemeinen durchgreifenden

Principien der russischen bäuerlichen Agrar- und Dorfgemeindeverfassung. Die Art und Weise der Durchführung dieser Grundsätze im Einzelnen wird im weiteren Verlauf dargelegt werden.

Der russische und der socialdemokratische Agrarcommunismus unterscheiden sich in manchen Puncten. Dort herrscht wenigstens vom einen zum anderen Theilungstermine Einzelbetrieb, ähnlich dem des schlecht und unsicher gestellten Pachters, während hier der genossenschaftliche Betrieb der Landwirthschaft in Aussicht genommen wird. Das russische System der Steuern und grundherrlichen Abgaben nebst der Haftung der Gemeinde würde im Betriebe durch die solidarisirten Gemeinden nach dem Baseler Congressplan wohl insofern wiederkehren, als diese Gemeinden, wie es scheint, an die Gesammtheit bestimmte Grundgefälle u. dgl. m. (Grundrenten) für die Ueberweisung des „Bodenlehens" zu entrichten hätten. Aber die Staats- und Gemeindesteuern brauchen nach der Versicherung der Socialdemokratie dafür nur in viel geringerem Betrage als jetzt erhoben zu werden, da der grosse Aufwand fortfalle, welchen nur das jetzige ungerechte politische System mit seiner Militärwirthschaft und allen seinen Einrichtungen zu Gunsten des Kapitalismus bedinge. Auch dem bedeutsamen Einfluss der Verschiedenheit des Klima's, der niedrigeren Bildungs- und Gesittungsstufe des russischen im Vergleich mit dem mittel- und westeuropäischen Bauern mag gern Rechnung getragen werden. Aber alle diese Unterschiede stören wohl die Vergleichbarkeit zwischen der russischen und der socialdemokratischen Agrarverfassung, heben sie jedoch durchaus nicht auf. Denn in dem einen entscheidenden Hauptpuncte treffen beide „Landsysteme" zusammen und unterscheiden sie sich gemeinsam gleichmässig von unserem geltenden System des privaten Grundeigenthums: dass beide das persönliche Privatinteresse, welches in unserem System den Eigenthümer und Bewirthschafter an seinen Boden fesselt, für entbehrlich zum Zwecke ordentlicher Bewirthschaftung und für positiv schädlich in allgemeiner ökonomischer und socialer Beziehung halten.[17])

Zudem — aus den verschiedenen politischen Parteien Russlands, Radicalen und Nihilisten wie Slavophilen und Panslavisten recrutiren sich neuerdings manchfach die Apostel und Führer der internationalen Socialdemokratie. In der grossrussischen Agrar- und Dorfgemeindeverfassung erkennen diese Russen mit starkem nationalen Selbstgefühl ein ökonomisches Princip, welches ihre Heimath, die grosse sarmatische Ebene, sicher und dauernd vor dem Elend westeuropäischen Proletariats bewahren soll.[18]) Gleichwohl musste erst wieder ein Deutscher, der verdiente, aber in conservativen Doctrinarismus verrannte Freiherr von Haxthausen, den Russen die Bedeutung dieses Gemeindeeigenthums lehren. Das letzterem zu Grunde liegende Princip gilt ihnen als Lösung der socialen Frage, wenigstens auf dem Lande.[19]) Mit der Propaganda für dieses Princip bedrohen moskowitische Slavophilen und Panslavisten den „verrotteten, altersschwachen Occident." Mit Schadenfreude wiederholen sie ein Wort Cavour's, der einst gegen einen Petersburger Diplomaten äusserte: der gleiche Antheil, den Ihr Russen jedem Euerer Bauern am Grund und Boden einräumt, ist uns gefährlicher als alle Euere Armeen.[20]) Zwar möchte man nach den bisherigen Erfahrungen, vollends seit Aufhebung der Leibeigenschaft, das Wort eher umkehren: das Russische Reich mit seinen viel genannten 80 Millionen Bewohnern und seiner Million Soldaten — auf dem Papiere, bleibt nach wie vor 1861 ein Coloss mit thönernen Füssen, solange ein communistisches Princip die Grundlage des landwirthschaftlichen Gewerbes in einem grossen und dem maassgebenden Theile des Reiches, in Grossrussland bildet.[21]) Ja, die Gefahr des Panslavismus, mit der es auch sonst noch gute Wege hat, bedeutet für Westeuropa noch weniger, weil die Einführung des Gemeindeeigenthums mit periodischer Bodentheilung bei den Westslaven, den culturlich den Grossrussen doch weit überlegenen Polen und Czechen, demselben Widerstande wie bei Germanen und Romanen begegnete.

Aber immerhin ist auf den Zusammenhang zwischen den Wühlereien der Socialdemokratie und den moskowitischen Bestrebungen auch für die rein politische Seite der Frage Gewicht zu legen. Als Agitationsmittel zu specifisch grossrussischen politischen Zwecken lässt sich das communistische Agrarprincip wohl brauchen und unschwer in den socialdemokratischen Jargon übersetzen. In den deutschen Ostseeprovinzen Russlands dient die Drohung mit dem Agrarcommunismus gleichzeitig zur Störung und womöglich zur Zerstörung der vorhandenen Cultur und deren weiterer Entwicklung, sowie des germanischen und protestantischen Geistes der Deutschen, Letten und Esten; — keineswegs zu Russificirung oder zur wirklichen Einführung der griechischen Orthodoxie, denn zu einer solchen positiven Neugestaltung, welche nicht mit Gewalt und Rechtsbruch, sondern nur mit Culturprincipien und Culturkräften durchzuführen wäre, ist der Moskowitismus und seine Kirche in jenen unglücklichen Ländern selbst noch weniger als in Polen und Litthauen fähig.[22]) Aber die trüben Zustände in Polen und den baltischen Ländern mögen als Warnung dienen, wohin die Nichtachtung des privaten Grundeigenthums führen muss: zugleich vor allen uns Deutschen als Warnung, dass wir wieder einmal als echte Doctrinäre in der Begünstigung der socialdemokratischen Grundsätze unseren weitaus schlimmsten politischen Feinden in Europa in die Hände arbeiten.[23]) Russland hat immer im Trüben zu fischen verstanden, wenn „im verlebten Westen" die Revolution an die Thüre pochte oder die auf Zusammenhalten angewiesenen mittel- und westeuropäischen Culturvölker sich in Kriegen gegenseitig schwächten.

Unsere Arbeiter in der abendländischen Culturwelt mögen sich daher vor den gleissenden Wölfen des Ostens hüten, die im Schafspelz unter ihnen herum schleichen. Mögen sie unbefangen ihre Lage mit der des grossrussischen Bauern im mittleren und nördlichen Russland vergleichen, dem sein „unveräusserlicher Antheil an der Mutter Erde" wird, der aber dabei elender daran ist als der besitzlose westeuropäische Proletarier [24], und unter einer Zwangsgewalt seiner Gemeinde steht, welche, unvermeidlich wie sie ist, doch keine genügende Productivität der Landwirthschaft bewirkt, aber härter drückt als die Kapitalherrschaft im Westen. [25] —

II.

Das Privateigenthum am Grund und Boden in seiner gesellschaftlich nothwendigen und berechtigten Entwicklung.

Um die gesetzliche Nothwendigkeit und gesellschaftliche Berechtigung des Privateigenthums am Boden zu begründen, muss man an einige einfache und bekannte Thatsachen in der Natur alles landwirthschaftlichen Betriebs erinnern, welche eine weittragende Bedeutung für die ganze Volkswirthschaft haben. Die Nationalökonomik pflegt diese Thatsachen unter dem nicht ganz passenden Ausdruck eines Gesetzes, des sogen. »Gesetzes der Bodenproduction« zusammen zu fassen. [26])

Der Boden ist nämlich beschränkt nicht nur nach seiner räumlichen Ausdehnung, sondern auch nach seiner Productivität, indem als Erfahrungsregel der Satz gilt, dass Verdoppelung von Arbeit und Kapital nicht den Ertrag verdoppelt, sondern letzterer in einem geringeren Verhältniss, ja bei weiterer Vermehrung von Arbeit und Kapital über ein gewisses Maass hinaus überhaupt nicht mehr wächst. Dieses „Gesetz" lässt sich leicht als Erfahrungsthatsache nachweisen, am einfachsten durch folgende Erfahrung. Man beobachtet täglich, dass ein und derselbe Besitzer Grundstücke verschiedener natürlicher Fruchtbarkeit oder ungleich günstiger Lage gleichzeitig nebeneinander mit denselben Producten und unter gleicher Verwendung von Arbeit und Kapital bestellt. Diese Grundstücke liefern aber einen ungleichen Ertrag. Offenbar würden nicht beide, sondern nur das bessere bebaut werden, wenn der doppelte Arbeits- und Kapitalaufwand doppelten Ertrag gäbe.

Der Widerstand des Bodengesetzes ist, wie Mill passend sagt, demjenigen eines elastischen Bandes, nicht dem einer festen Mauer zu vergleichen. Die Productivität eines Grundstücks lässt sich steigern, jedoch eben in der Regel nur unter progressiv härteren Bedingungen. Diese Regel hat selbst ihre bemerkenswerthen Ausnahmen. Dem Bodengesetz wirkt nämlich eine mächtige Gegenpotenz in den „Fortschritten der Civilisation" entgegen. Hierher gehören vor Allem die durchgeführten Verbesserungen der landwirthschaftlichen Betriebskunde und voran steht dabei in unserer Zeit wieder die Ausnutzung der Fortschritte der Naturwissenschaften für die Praxis des Landbau's. Ueberhaupt, wie Mill so schön dargelegt hat, Alles, was des Menschen Kenntniss und damit seine Macht über die Natur ausdehnt, das gestattet auch ein mehr oder weniger erfolgreiches Ankämpfen gegen die praktischen Wirkungen des Bodengesetzes. Aber damit werden diese Wirkungen doch nur zeitweilig beschränkt, weiter hinausgeschoben, nicht aber bleibend beseitigt.

Jedes Land macht von seiner ersten Besiedlung bis zur Erlangung einer dichten Bevölkerung, jedes Volk von seinem ersten Uebergang aus dem Nomadenthum zu den Anfängen des Ackerbau's und der Wahl fester Wohnsitze bis zur Erreichung der höchsten Blüthe der Wirthschaft und Cultur diese Erfahrung durch. Der alte Satz, im Schweisse Deines Angesichts sollst Du Dein Brod essen, bewahrheitet sich jenem Bodengesetz zufolge in diesem nothwendigsten Urgewerbe der Menschheit, im Ackerbau, deutlicher als in jedem andren Fall.

Dieses Bodengesetz bietet uns die Erklärung für die wachsende Intensivität der Landwirthschaft bei steigender Bevölkerung und höherem Wohlstand und ebenso für die Entstehung, immer weitere Verbreitung und immer schärfere und consequentere Ausbildung des Privateigenthums am Grund und Boden. Denn das Bodengesetz ist die letzte, tiefste und entscheidendste Ursache aller dieser Entwicklungen.

Auf zweierlei Weise kann der grössere Bedarf an Nahrungsmitteln und Rohstoffen, welchen die Zunahme der Bevölkerung und des Wohlstands mit sich bringt, gewonnen werden, entweder durch Anbau neuen oder durch intensiveren, d. h. mit stärkerer Verwendung von Kapital und Arbeit erfolgenden Anbau des bisher schon bebauten Bodens. Das Erstere wird in der Regel solange geschehen, als neuer Boden in der jeweils erforderlichen natürlichen Beschaffenheit und Güte [27]) und der entsprechenden Lage zum Wirthschaftsmittelpunct wie zum Absatzorte vorhanden ist. Neue Wohnsitze der Landleute, Höfe, Dörfer werden etwa neu an denjenigen Stellen angelegt, wo sich der nöthige Boden findet, sobald die Entfernung zwischen Haus und Feld zu gross wird. So dehnt sich allmälig der Anbau über grössere und grössere Strecken eines Landes aus und wird überall ziemlich gleichartig betrieben.

Allein diese Entwicklung der Dinge findet nach und nach ihre Grenze, indem es an neuem Boden zu fehlen beginnt oder der noch verfügbare Boden nach Beschaffenheit oder Lage nicht brauchbar ist. Ferner entstehen grössere Wohnsitze, grosse Dörfer, weil etwa nur ein dichtes Zusammenwohnen die nöthige Sicherheit gewährt, oder Städte, welche aus einem ähnlichen Grunde und als Sitze der Gewerkthätigkeit sich entwickeln. Die Bevölkerung dieser Orte muss mit landwirthschaftlichen Erzeugnissen versehen werden, was nicht nur eine starke Vermehrung, sondern auch eine neue räumliche Vertheilung und ein neues System der Agrarproduction bedingt. Denn wegen der schlechten Wege und unvollkommenen Transportmittel müssen viele Producte, besonders diejenigen von geringem specifischen Werthe wie das gewöhnliche Getreide u. s. w., zur Ersparung der Transportkosten in möglichster Nähe des Absatzortes gebaut werden. Andere vertragen überhaupt keinen Transport. So wird denn zunächst in der Umgegend der Städte, der grösseren Dörfer (bei denen die geringere Entfernung der Grundstücke zum Wirthschaftshof ihre besondere Bedeutung hat), allmälig mit steigender Bevölkerung und beim Mangel brauchbaren neuen Bodens im ganzen Lande, wenn auch hier wieder in sehr verschiedenen Abstufungen, der bereits bebaute Boden immer intensiver bestellt werden müssen.

Die bisher ziemlich gleichmässig, oberflächlich, nach einfachen Methoden, mit unvollkommenen Pflügen und sonstigen Werkzeugen betriebene Landwirthschaft nimmt nun in den verschiedenen Theilen des Landes eine sehr verschiedene Gestalt an. Wo die Bevölkerung noch dünn zerstreut in kleinen Dörfern wohnt, Städte fehlen, der Absatz von Korn und Vieh in die Ferne noch mangelt, wo der Boden noch reichlich vorhanden und bei einem relativ geringen Aufwand von Arbeit und Kapital auf eine bestimmte Bodenfläche schon genügende Massen Erzeugnisse für den geringen Bedarf liefert, da werden grosse Bodenstrecken nach wie vor extensiv bebaut. Weite Flächen liegen in ewiger Weide, wo mageres Heerdenvieh ein spärliches Futter sucht. Ein grosser Theil der Aecker ist noch Brachfeld, in der sogen. Dreifelderwirthschaft regelmässig ein Drittheil, und ruht in drei Jahren immer eines aus. Auch die im Anbau stehenden Felder liefern einen mässigen Rohertrag und nur wenige verschiedene Producte von mittelmässiger Qualität, so dass die Bevölkerung auch in dieser Beziehung genügsam sein muss.

Ein ganz anderes Bild bietet die Landschaft in den dichter bevölkerten, den städte- und verkehrsreicheren Gegenden, wo der Absatz der landwirthschaftlichen Erzeugnisse, etwa auf Flüssen, leicht, die Nachfrage rege, wo noch nicht bebauter guter und gutgelegener Boden nicht mehr viel vorhanden und an Boden überhaupt kein Ueberfluss ist. Da muss der Erde «im Schweisse des Angesichts» von ihrem Bebauer ein grösserer Ertrag abgerungen werden. Da verschwinden die Weiden und werden in Felder und Wiesen verwandelt, das Brachfeld wird verkleinert uud schliesslich ganz beseitigt, eine regelmässige Fruchtfolge wird eingeführt, eine Menge verschiedener Producte für Mensch und Vieh werden begehrt und daher erzeugt, die Stallfütterung wird allgemein und der Futterbau bildet eine Hauptsache. Erreicht wird dieses Resultat durch intensiveren Anbau. Das Feld wird besser bestellt, reichlicher, sorgsamer, mehr nach seinem individuellen Bedürfniss gedüngt, tiefer gepflügt, geeggt, die Saat gut ausgesucht, der feuchte Boden entwässert, der Wiese Wasser zugeführt u. s. w. u. s. w., der ganze Betrieb mit einem Wort intelligenter geleitet. Alles dies geschieht nicht nach beliebiger Wahl, sondern in bitterer Nothwendigkeit. Erfolgt kein intensiverer Anbau, so unterliegt der Mensch im Kampf ums Dasein und seiner Vermehrung wird eine unverrückbare Schranke gezogen.

Je mehr die entlegeneren Gegenden ebenfalls an Bevölkerung zunehmen oder bei verbesserten Communicationen einen weiteren Absatz für ihre Producte erzielen, desto nothwendiger wird auch hier der intensivere Ackerbau. Allmälig gewinnt das ganze Land das Ansehen der zuerst entwickelten Provinz, soweit nicht das Klima durch seine Rauhigkeit und die Verkürzung der Feldbestellungszeit, die es bewirkt, unüberwindliche Hindernisse bietet oder einzelne Landestheile durch ihre specifische Bodenbeschaffenheit (Gebirge, Moräste u. s. w.) dauernd oder fürerst noch eine Ausnahme bilden. Die Belege für diesen Entwicklungsgang finden sich auf jedem Blatt der Wirthschafts- und Culturgeschichte unserer Länder. Und jede Reise in westöstlicher Richtung durch Mitteleuropa, etwa von der Seine, Schelde, Maass, dem Rhein zur Elbe, Oder, Weichsel, Niemen, Düna und Dniepr, Wolga und Ural führt uns im Ganzen fortschreitend vom hochentwickelten intensivsten Ackerbau im Westen zum extensivsten Bodenanbau im Osten. Diese räumliche Bewegung über 3—500 Meilen liefert uns dieselben Beobachtungen wie ein zeitliches Zurückgehen im Westen um ein oder zweitausend Jahre und mehr. Sie führt uns aber auch aus Gegenden mit einer Volksdichtigkeit von 8—15000 Menschen auf der Quadratmeile schliesslich zu solchen mit einer Dichtigkeit von bloss 1—2000, ja 500—1000 und noch weniger.

Dieser Uebergang vom extensiven zum intensiven Ackerbau, von welchem somit die Entwicklung jedes Volks und der ganzen Menschheit abhängt, hat aber nach der allgemeinsten Erfahrung wie schon nach der theoretischen Deduction eine unbedingte Voraussetzung: ein Privateigenthum am Grund und Boden! Und begreiflich genug.

So lange eine sehr extensive Bodenbebauung zur Befriedigung des Bedarfs der Bevölkerung an Producten ausreicht und Boden der angemessenen Beschaffenheit und Lage in praktisch unbegrenzter Menge vorhanden ist, erweist sich allerdings Privateigenthum am Boden entbehrlich. Hier mag selbst jährlich ein Wechsel in der Bebauung der Grundstücke unter den Bauern eintreten. Denn das Feld wird kaum gedüngt, bedarf dessen auch nicht, da man nöthigenfalls nach eingetretener Erschöpfung das erste beste neue Stück Land bebauen kann; die Bestellungsarbeit ist die einfachste, oberflächichste, bei allen gleichmässige; von grösseren Verbesserungen ist keine Rede. Kaum ein Atom Arbeit und Kapital wird in diesem Jahre zugesetzt, das dem nächsten Jahre noch zu Gute käme. So fehlt eine engere Beziehung zwischen dem heutigen Bebauer und dem jetzt von ihm bestellten Boden grossentheils. Der Ertrag, die Beschaffenheit der Felder ist ungefähr gleich; es nimmt daher Jedermann an dem einen Grundstück so viel oder so wenig Interesse als an dem anderen.

Ganz verschieden gestaltet sich die Sache, wenn aus den dargelegten Gründen intensiver Anbau nothwendig wird. Um jeden Grad, um welchen diese Nothwendigkeit wächst, wird das Privateigenthum nothwendiger, unentbehrlicher, aber zugleich für die Allgemeinheit segensreicher. Denn jetzt erst lohnt es, das Feld sorgsamer zu bebauen. Jeder Mehraufwand von Fleiss und Arbeit, von Intelligenz und Energie über das mittlere bisher übliche Maass hinaus, jede stärkere Verwendung von Kapital, das in Düngung, Bodenbestellung, Meliorationen aller Art angelegt wird, hat jetzt erst ihre günstigen Folgen und macht sich bezahlt. Nunmehr findet also der Fleissige, Verständige, Sparsame einen Ansporn zu vermehrter und verbesserter Thätigkeit.

Ein grosser Theil landwirthschaftlicher Kapitalverwendungen führt zu untrennbarer Verbindung des Kapitals mit den Grundstücken und dem Wirthschaftsbetrieb, zur Verwandlung von umlaufendem in stehendes Kapital. Dieses wird erst allmälig in einer Reihe von Jahresproductionen wieder verfügbar. Das in diesem Jahre hineingesteckte Kapital steigert den Ertrag nicht bloss dieses einen, sondern einer Reihe folgender Jahre. Dies gilt namentlich von vielen grossen, kostspieligen und schwierigen Verbesserungen, welche für ein oder wenige Jahre viel zu theuer kämen (Be- und Entwässerungsanlagen, Anschaffung mancher Maschinen, Errichtung bestimmter, speciellen Zwecken dienender Gebäude u. s. w.). Eine solche Kapitalverwendung macht sich also erst nach und nach bezahlt. Sie kann daher auch nur erfolgen und erfolgt erfahrungsgemäss nur, wenn der Bebauer sicher ist, dass er, welcher Arbeit und Kapital liefert, auch die Vortheile dieser Verwendung in Zukunft für sich geniessen kann. Diese Sicherheit besteht aber völlig nur bei einem wenigstens bis zu einem bestimmten Grade uneingeschränkten Privateigenthum am Boden. Dieses Privateigenthum erscheint insofern in der That als Vorbedingung des intensiveren Bodenanbau's, damit aber wie gesagt auch jeder weiteren volkswirthschaftlichen Entwicklung, jeder grösseren Volksdichtigkeit, jeder höheren Cultur.

Die Geschichte liefert uns für die Bewahrheitung dieser Sätze wieder die reichste Erfahrung. Sie zeigt uns, dass in der That in Urzeiten viele Völker kein Privateigenthum am Boden kannten und auf den ersten einfachsten Stufen des Ackerbaues und der festen Wohnsitze auch noch bei gemeinschaftlichem Eigenthum alles oder doch eines grossen Theils des Bodens stehen geblieben sind. Aber allmälig im Lauf der Geschichte ist dann ein Theil des Bodens nach dem anderen in Privateigenthum übergegangen, keineswegs nur oder auch nur vorwiegend durch äussere Gewalt der Grossen und Mächtigen, sondern durch jene allgemeine ökonomische Nothwendigkeit. Der Entwicklungsgang, wie sich einzeln genau aus der Erfahrung nachweisen und schon im Voraus aus den Voraussetzungen des intensiven Bodenanbau's ableiten lässt, war dabei regelmässig der folgende. Mit dem Eintritt der Nothwendigkeit intensiveren Anbau's, unter dem deutlichen Einfluss der namhaft gemachten Factoren löst sich aus dem gemeinschaftlichen privates Grundeigenthum los; da zuerst, wo die intensivere Bebauung einer Bodenfläche, namentlich eine Anlage stehenden Kapitals zuerst erforderlich wird und alsdann weiter in derjenigen Reihenfolge der einzelnen Grundstücke, in welcher letztere nach und nach und in bestimmtem Maasse intensiver bebaut werden müssen; da zuletzt oder selbst auf hoher Wirthschaftsstufe (manchfach heute noch bei uns) noch gar nicht, wo dieser intensive Anbau noch nicht nothwendig oder nach der Beschaffenheit des Bodens oder der Art der Cultur, wie beim Waldbau, nicht angebracht ist.

Diese Entwicklung des Privateigenthums am Boden steht mit derjenigen eines Volks, mit der Vermehrung der Volksmenge, mit der Steigerung der Cultur in Wechselwirkung: durch beide letztere Momente hervorgerufen hat der Uebergang von neuem Boden in Privateigenthum immer wieder einen neuen Aufschwung der Volksvermehrung u. s. w. ermöglicht, und wechselweise. Wo kein Privateigenthum oder wenigstens kein dauerndes Nutzungsrecht des Privaten am Boden entstanden ist, wie in Grossrussland, da kann freilich die Bevölkerung noch rasch zunehmen, solange es bei geringer Volksdichtigkeit und grossem Ueberfluss an leicht culturfähigem neu zu rodenden Boden, vollends an so gutem Boden, wie die Schwarze Erde Südrusslands, noch nicht gebricht. Aber bald muss der schlechte, immer mehr selbst der gute Boden erschöpft werden, weil das Interesse fehlt, ihn im guten Zustand zu erhalten. Und von einem intensiveren Anbau des alten Bodens kann dann keine Rede sein. Mit der Aufrechthaltung des Gesammteigenthums am Boden steckt sich mithin ein Volk freiwillig selbst eine enge Grenze seiner Entwicklung.

Auf dem Arbeitercongress in Basel hat man unter Berufung auf Savigny's Autorität darauf gepocht, dass nach der Ansicht der Wissenschaft selbst die jetzige Form der Herrschaft des Menschen über den Boden, Privatgut und Privatgenuss, in der That nur eine der möglichen und vorgekommenen Formen dieser Herrschaft sei.[28] In Lassallescher Terminologie: das private Grundeigenthum ist keine logisch absolut nothwendige, sondern nur eine historische Kategorie, die Institution also nicht unter allen Umständen geboten, sondern nur historisch bedingt, an ihrer Stelle kann sehr wohl eine andere Einrichtung stehen. Das ist vollkommen richtig, nur darf die Socialdemokratie daraus keinen Schluss zu Gunsten ihrer Agrarrevolution ziehen. Denn Privat- und Gemeineigenthum können sich nicht beliebig ablösen. Vielmehr hat grade nach der wissenschaftlichen, der historischen Anschauung jede der drei Formen des menschlichen Herrschaftsverhältnisses über den Boden, von denen Savigny spricht: „Gemeingut und Gemeingenuss", „Gemeingut und Privatgenuss", sowie jetzt „Privatgut und Privatgenuss" ihre bestimmten geschichtlichen und wirthschaftlichen Bedingungen. Diese Bedingungen sind das Maassgebende, das Rechtfertigende. Mit der allmäligen Veränderung derselben ändert sich auch die Form des menschlichen Herrschaftsverhältnisses über den Boden. Diejenige Form welche uns die Socialdemokratie wieder aufdrängen will, is die geschichtlich ältere, welche nur für primitivere Wirthschaftsverhältnisse bei geringer Bevölkerung und kleinem Bedarf an Bodenproducten zeitweilig taugt. Aus dieser Form, aus dem Gemeineigenthum hat sich mit innerer ökonomischer Nothwendigkeit auf höheren Wirthschaftsstufen die jetzige Form, Privatgut und Privatgenuss, entwickelt. Auf diese Form jetzt wieder verzichten, ist ja freilich nicht absolut unmöglich. Aber es heisst nichts Anderes, als die Bedingungen grösserer Bevölkerung und höherer Cultur preisgeben und auf einmal Jahrhunderte zurückschreiten. Damit wäre unsere heutige «kapitalistische Gesellschaft» allerdings ruinirt. Aber wer darunter doch sofort und am meisten und grausamsten litte, darüber kann kein Zweifel sein: die Arbeiterclasse, welcher der Brodkorb nicht nur höher gehängt, sondern einfach entzogen würde. —

Die Entwicklung des Privateigenthums aus dem Gemeineigenthum und der Feldgemeinschaft lässt sich trotz der Spärlichkeit und Unsicherheit der Quellen mehrfach verfolgen, unter anderen auch bei unsren eignen Vorfahren, den alten Deutschen. Beim Beginn der Besiedlung und der ersten Anlegung fester Wohnsitze und dem Uebergang zum Ackerbau auf derselben Flur, wo also nicht mehr die ganze zu bebauende Bodenfläche beständig gewechselt wurde, wird in der That von der Gesammtheit der Boden in Beschlag genommen und als Gemeingut behandelt. Das Geschlecht legt das Dorf an; die dazu gezogenen Ländereien werden das Eigenthum der Dorfgemeinschaft. Regelmässig zuerst bildet sich hier dann ein Privateigenthum an der sog. Hofraithe oder Hofstätte (Wurth), den Grundstücken innerhalb des Dorfs selbst, auf welchen Wohnhaus, Scheunen, Stallungen, Höfe und Hausgärten angelegt werden. Diese Grundstücke sind gleich anfangs mehr oder weniger intensiv bewirthschaftet, die Bebauung eines Platzes mit Häusern ist immer die relativ intensivste Bewirthschaftung. Die Hofstätten sind sich ursprünglich in Anlage, Beschaffenheit und Grösse in jedem Dorfe und in ganzen Landestheilen wohl ziemlich gleich. Aber in der Erhaltung, Verbesserung, Ausschmückung. stellen sich doch bei Völkern mit individualistischem Sinne und je nach der Tüchtigkeit oder Untüchtigkeit des Bewohners Verschiedenheiten heraus, so dass jede Hofstätte auch bei gleichem Typus der Anlage ein gewisses individuelles Gepräge erhält. Auch desswegen entsteht das Bedürfniss über die Hofstätte wie über Privateigenthum zu verfügen früher. So wird sie am ersten aus dem Gemeineigenthum ausgeschieden. Aber auch an ihr besteht noch nicht immer oder erst allmälig volles Privateigenthum, in dem Sinne, dass der Besitzer darüber unbedingt frei verfügen kann Er muss sich beim Verkauf etwa auf Dorfgenossen als Käufer beschränken oder diesen steht ein Vorkaufs- oder Retractrecht zu, oder ein Fremder muss erst in die Gemeinschaft aufgenommen werden, um einen Hof im Dorf erwerben zu können. Andererseits darf der aus der Dorfgenossenschaft ausscheidende Auswanderer oder Wegzügler etwa auch seinen Hof nicht mehr behalten, er darf nur Pfosten, Balken u. s. w. mitnehmen oder muss ihn verkaufen (russische und ältere Bestimmungen). [29]

Das übrige Land ausserhalb des Dorfs zerfällt anfangs in zwei grosse Classen, ein Zustand, der lange Zeit, regelmässig Jahrhunderte, selbst Jahrtausende andauert. Die erste Classe umfasst die Aecker und Wiesen und diese sind unter den Dorfgenossen getheilt. Die zweite Classe begreift Weide,

Wald, damit verbunden Jagd, Fischfang. Dieses Land bleibt lange ungetheilt und steht in gemeinsamer Benutzung der Dorfgenossen.

Die Aecker und Wiesen liegen regelmässig zum Zweck bequemerer Bebauung näher dem Dorfe, also den Wirthschaftshöfen. Bei der Ansiedlung und heute noch in Russland sollen die Antheile der einzelnen Dorfgenossen an Aeckern und Wiesen in der Regel möglichst gleich gross sein, wenn auch einzelne Hervorragende frühzeitig bevorzugt werden. Diese Gleichheit der Landloose lässt sich bei der Ansiedlung in Einzelhöfen („Hofsystem") dadurch erreichen, dass Jeder seine Felder um seinen Hof herum erhält und nur etwa nach der Bodengüte mehr oder weniger Land. Beim dörflichen Zusammenwohnen („Dorfsystem"), das aus Sicherheits- und anderen Gründen und nach Volksgewohnheiten bei vielen Völkern schon frühe die Regel ist und meistens bis jetzt blieb [30]), muss die Gleichheit der Landantheile anders hergestellt werden. Man theilt nach Lage oder Bodenart die ganze Flur in Kämpe oder Gewanne, diese wieder in lange, schmale, möglichst vom Wege auslaufende Streifen nach der Zahl der selbständigen Dorfgenossen und giebt dann einem Jeden, häufig nach dem Loose, einen Streifen in jedem Gewanne. Diese Vertheilung führt ziemliche Gleichheit der Acker- und Wiesenloose für jede Hofstelle im Dorfe herbei. Sie bewirkt aber zugleich ein Durcheinanderliegen, eine sog. Gemengelage der den Einzelnen gehörenden Bodenparcellen. Dadurch wird wieder ein gleiches Bewirthschaftungssystem, gleiche Fruchtfolge, gleichzeitige Vornahme oder bestimmte Reihenfolge aller Feldarbeiten bedingt, damit nicht Einer den Anderen stört, d. h. Flurzwang oder Feldgemeinschaft in diesem Sinne wird nothwendig, aber die Verfügung des Einzelnen über sein Land wird entsprechend beschränkt. Auch dies ist wieder nur bei extensiver Landwirthschaft möglich und erträglich.

Die Theilung der Aecker und Wiesen in der Gemarkung ist nicht immer gleich anfangs eine definitive, sie erfolgt öfters von Neuem, z. B. wenn etwa die veränderte Bevölkerungszahl es wünschenswerth erscheinen lässt. So wurde bei den alten Deutschen, muthmaasslich noch mehrfach zu den Zeiten des Cäsar und Tacitus, sicherlich wohl allgemeiner vorher und vielleicht noch länger nachher ein zum Anbau kommendes Feld immer neu vertheilt[31]. So besteht heute noch bei den Grossrussen eine periodische Neuvertheilung alles Acker- und Wiesenlands an die Einzelnen zur Nutzniessung. Aber regelmässig wird die Theilung über kurz oder lang eine definitive, so dass zu einer Hofstelle und ihrem Landloose bestimmte Grundstücke in der Gemeindeflur dauernd gehören. So entsteht dann an diesen Grundstücken auch hier ein Privateigenthum, und zwar wieder um so früher im Einzel- wie im Gesammtinteresse, je früher es intensiveren Anbaues bedarf. Denn beim Wechsel der zu einer Hofstelle gehörenden Grundstücke erfolgt eben nicht die entsprechend vermehrte Arbeits- und Kapitalverwendung.

Auch diese definitiv vertheilten Aecker und Wiesen sind jedoch nicht gleich ganz freies, unbeschränktes Privateigenthum. Sie unterstehen ja dem Flurzwang, der bei allmalig vermehrter Bodentheilung und dadurch bewirkter noch bunterer Gemengelage unter gewissen Verhältnissen noch strenger werden muss. Es gelten für die Aecker u. s. w. etwa auch Vorkaufsrechte der Dorfgenossen, gemeinsame Weiderechte Aller auf Brach-, Stoppelfeld, auf der Wiese im Frühjahr und Herbst. Doch auch hier wieder dieselbe Entwicklung: wenn die Veränderung der volkswirthschaftlichen Verhältnisse, vor Allem die Vermehrung, die dichtere Zusammendrängung und der grössere Wohlstand der Bevölkerung intensiveren Anbau verlangt, so muss der Einzelne unumschränkter über seine Ländereien verfugen können. Daher nun die Beseitigung des Flurzwangs, die nochmalige Vereinigung der Felder der Dorfschaft und die Neuvertheilung in besser arrondirter Lage für jeden Einzelnen („Arrondirung", „Zusammenlegung")[32], die Abschaffung der Wegerechte, der Weideservituten u. s. w.[33], welche bisher das Aufgeben der Brache, eine richtige Fruchtfolge, die bessere Bestellung der Wiesen u. s. w., mit einem Worte eine stärkere Benutzung des Bodens hinderten. Damit wird erst ein völliges Privateigenthum hergestellt.

Das ungetheilte Land, Weide und Wald, die alte Mark bleibt lange in gemeinsamer Benutzung. Mit jeder Hofstelle ist ein Nutzungsrecht in der gemeinen Mark verbunden, die alte Were oder das Echtwort[34]. Dieses bildet neben Hofstätte und Acker- und Wiesenland den dritten Bestandtheil der Bauerstelle in der Feldgemeinschaft und Markgenossenschaft, — die Hufe der alten Deutschen, des heutigen russischen Dorfbauern.[35]

Bedurfte man für eine vergrösserte Bevölkerung mehr Land, für Dorfgenossen oder für andere Leute auf den Gütern, in den Städten, mehr Land, als eine Familie mit der ihr gewöhnlich zu Gebote stehenden Arbeitskraft in landesüblicher Weise bewirthschaften konnte, so wurde etwa ein Theil der gemeinen Mark zum Ackerland hinzugenommen, gerodet, geurbart. Neue Hufen werden gebildet, die alten vergrössert, neue Dörfer in der Mark angelegt, einzelnen Hufnern, die es wünschten oder vermochten, Rodung in der Mark gestattet oder doch nachgesehen. Zwischen diesen Höfen und Dörfern bleibt etwa das übrige Weide- und Waldland als Gemeingut bestehen. So bilden sich Markgenossenschaften mehrerer Dörfer und Einzelhöfe[36], die in Deutschland auch noch bis in unsere Zeit hineinragen.

Aber von den noch verbleibenden Gemeinheiten, den Weiden und einigen Waldstellen unterliegt wenigstens ein grosser Theil schliesslich auch wieder dem Gesetz, welches den Uebergang von Privatgut in Gemeingut fordert. Die Gemeinweiden sind bei extensiver Wirthschaft für die Viehhaltung zweckmässig, da besonderer Futterbau und Vermehrung der Wiesen für das Vieh hier noch nicht lohnt und der Düngerbedarf für die Felder noch geringer ist. Aber später trägt der als Weide benutzte Boden zur Deckung des gestiegenen Bedarfs an Nahrungsmitteln und Rohstoffen nicht soviel bei, als es nunmehr nothwendig, aber auch jetzt erst möglich ist. Trotz ihrer vielleicht weiteren Entfernung vom Dorfe und ihres vielleicht ungünstigeren Bodens müssen nun auch die Weiden wenigstens zum Theil gerodet und geurbart werden. Dies setzt, damit es mit wirksamem Erfolge betrieben werde, wieder den Uebergang jener Gemeinweiden in Privateigenthum voraus.[37]) Namentlich werden diese neuen Ländereien so am besten in den gemeinsamen neuen Wirthschaftsplan des Landwirths ordentlich einbezogen. Ein Plan, welcher auf Aufgeben der Brache, regelmässiger Fruchtfolge, Bau von Futtergewächsen, Stallfütterung des Viehs u. s. w. begründet ist und unter den Bedingungen einer hoch intensiven Wirthschaft erst möglich wird.

So bleibt schliesslich auf den höheren Stufen der Volkswirthschaft nur noch wenig Land, Weide im Gemeineigenthum. Nur der Wald, für welchen nach der Natur seiner Bewirthschaftung und aus anderen Gründen der Uebergang in Privateigenthum nicht so nothwendig und in mancher Hinsicht nicht einmal erwünscht ist, bildet eine wichtige Ausnahme. Er ist auch heute noch selbst in Mittel- und Westeuropa zu einem grossen Theile in Gemeineigenthum, des Staats und der Gemeinde, geblieben.[38])

Ob und wie weit die fernere Entwicklung in der Zukunft wieder zu einer gewissen Beschränkung des Privateigenthums am landwirthschaftlich benutzten Grund und Boden führen wird, mag dahin gestellt bleiben. Eine solche neue Beschränkung darf jedenfalls nur auf dem Wege der Reform, nicht der Revolution vor sich gehen, wenn auch in ersterer Hinsicht dem Staate eine als erwünscht und nothwendig befundene Intervention ebensowenig abzusprechen sein wird, als die in unserem Jahrhundert so vielfach erfolgte, durch welche der Grund und Boden von Lasten befreit und seinem Inhaber erst zu vollem Eigen übermacht wurde. Fraglich ist nur, ob eine ökonomische Nothwendigkeit etwa wieder zu einer Beschränkung des privaten Grundeigenthums im allgemeinen Interesse führen wird.

Die bisherige Entwicklung spricht dagegen. Denn mit fortschreitender Volksvermehrung und höherer Cultur wird immer nur von Neuem die Nothwendigkeit intensiveren Bodenanbau's grösser. Die ausserordentlichen Verbesserungen der Communicationen in unserem Jahrhundert, wodurch eigentlich im Binnenlande erst ein grosser internationaler Korn- und Viehhandel möglich geworden, wirken zwar jener Nothwendigkeit ortsweise entgegen, so gegenwärtig manchfach in Westeuropa. Allein auch sie gehören doch zu jenen „Fortschritten der Civilisation", welche als Gegenpotenz gegen das Bodengesetz dessen Wirksamkeit an einem Orte nur zeitweilig zurückdrängen. Durch die neuen Communicationen werden immer mehr und immer weiter entlegene Länder in jenen Entwicklungsprocess der steigenden Intensivität der Landwirthschaft hineingezogen. Da sich die Productionskreise somit erweitern, so wird nur der unmittelbare Einfluss der steigenden Productennachfrage eines einzelnen Landes nicht so rasch und stark in einer einzelnen Localität bemerklich. Es würde demgemäss nur anzunehmen sein, dass die Entwicklung von privatem Grundeigenthum sich in solchen Gegenden, wo letzteres noch nicht oder nicht vollständig besteht, nun ebenfalls in Folge der Getreideausfuhr nothwendig erweise. In denjenigen Gegenden von Binnenrussland, welche erst durch die Eisenbahnen jetzt für den Export erschlossen zu werden beginnen, zeigt sich denn auch grade in neuerer Zeit das Gemeindeeigenthum immer unhaltbarer, wenn die gewünschte Getreideausfuhr einen irgend grösseren Umfang erhalten soll. Und dasselbe gilt von den bisherigen Exportgegenden Russlands, wenn die Ausfuhr daselbst nur auf der alten Höhe bleiben soll. Nur das fruchtbare Land der südrussischen Schwarzen Erde gestattet auch jetzt noch eher die Fortdauer des Gemeineigenthums [39]), freilich wohl auch nur noch kurze Zeit, wenn man einen grösseren Export ermöglichen will, was schon wegen der Valutafrage von grösster Wichtigkeit ist. [40]) Kurz, der Uebergang des Bodens in das Privateigenthum scheint in Folge der Communicationsentwicklung unserer Zeit vom weltwirthschaftlichen Standpuncte aus gesprochen auf der ganzen Erde nur noch beschleunigt zu werden. Die schärfere Herausbildung des Privateigenthums wird dann fast überall, jedenfalls in den meisten Gegenden, welche zur occidentalischen Weltwirthschaft gehören oder mit dieser durch den Handel verbunden sind, nach dem Erörterten nur eine Frage der Zeit sein.

Dennoch mag auf eine Möglichkeit der Wiederbeschränkung des Privateigenthums am Boden grade bei uns in Mittel- und Westeuropa, also auf der bisher höchsten volkswirthschaftlichen Entwicklungsstufe der modernen Zeit, wenigstens kurz hingewiesen werden. Es könnte sein, dass die genossenschaftliche Bewegung, insbesondere die Bildung eigentlicher landwirthschaftlicher Productivgenossenschaften, im weiteren Verlaufe wieder zu einer gewissen Beschränkung des reinen Privateigenthums führte. Vielleicht entstehen dann wieder Rechtsformen für das Grundeigenthum, welche wenigstens in einigen Puncten sich den früheren, am meisten etwa den durch Flurzwang, Weideservituten u. dgl. m. bedingten Rechtsverhältnissen des Grundbesitzes nähern. Etwas Analoges bietet schon die Gegenwart in den Bewässerungsgenossenschaften und ähnlichen mit dem Zwangsbeitritt der Minorität. Beispielsweise könnte für gewisse Ländereien in bestimmter Lage der Zwangsbeitritt zu einer Productivgenossenschaft behufs Durchführung einer gewissen Fruchtfolge und Culturart vielleicht einmal wieder eingeführt werden.[41])

Wenn dergleichen hier in Aussicht gestellt wird, so liegt darin kein Widerspruch mit dem Früheren. Grade die entscheidende Macht der geschichtlichen und ökonomischen Bedingungen in der Gestaltung der Verhältnisse des Grundeigenthums haben wir kennen gelernt. Ein gesundes neues Princip wie das Genossenschaftswesen mag leicht auch hier über das bisher Bekannte und allein Bewährte hinaus führen. Das geschieht jedoch in diesem Falle auch im Wege der allmäligen organischen Entwicklung, als »Werk der Generationen«, nicht als gewaltsame, revolutionäre Umwälzung. Ob die Geschichte zu einem dergestalt wieder beschränkten Privateigenthum am Boden führen wird, das würde dann von der Entwicklungsfahigkeit der landwirthschaftlichen Productivgenossenschaften abhängen. Grade in Betreff dieses Punctes hegen wir auf dem Standpuncte der bisherigen Erfahrungen manche Zweifel. Denn zu den allgemeinen, bisher noch so fast gar nicht überwundenen Schwierigkeiten der Productivgenossenschaften tritt bei den landwirthschaftlichen noch die besondere, dass die höhere Intensivität des Ackerbau's bisher wenigstens fast ausnahmslos grade nur durch die Ausbildung eines unbeschränkten Privateigenthums am Boden ermöglicht worden ist. Doch, *qui vivra verra*.

Die Entwicklung des privaten Grundeigenthums aus dem Gemeineigenthum zeigt bei den einzelnen Völkern eine grosse Gleichartigkeit, nicht nur im Ganzen, sondern oft auch bis in sehr kleine Einzelheiten hinein, so in der Behandlung der Hofstatt früher bei den Deutschen, heute bei den Grossrussen, wenngleich auch darin wieder Unterschiede bestehen, z. B. dass der Boden der Hofstätte dort auch, hier nicht Sondereigenthum war. Bei den Russen ist die Institution des Gemeineigenthums eine ganz junge, welche im Wesentlichen durch Staatsgesetze gemacht ist! Es liegt in solcher Gleichartigkeit der Wirthschafts- und Rechtsverhältnisse doch wieder ein deutlicher Beweis von dem mehr als alles Andere maassgebenden Einfluss der gleichen menschlichen Natur und der gleichen Natur der zu beherrschenden Aussenwelt auf jene Verhältnisse. Auch durchaus nicht näher verwandte Völker zeigen da so oft ganz unabhängig von einander die grössten Aehnlichkeiten. Das mahnt zur Vorsicht, den Einfluss der Volks- und Stammeseigenthümlichkeit auf solche Dinge nicht zu überschätzen, wozu unsere Historiker gegenwärtig wohl mitunter geneigt sind, in begreiflicher Reaction gegen die früher zu einseitig verbreitete entgegengesetzte Tendenz.[*]) In unserer speciellen Frage beweist es aber auch, wie fest gesetzmässig gebunden der Entwicklungsgang im Grundeigenthum ist. Doppelt falsch und nachtheilig erscheint dem gegenüber der socialdemokratische und anderer radicaler Doctrinarismus, welche nach absoluten Schablonen organische Entwicklungen zerschneiden oder ummodeln wollen. —

Die Ausbildung und immer weitere Ausdehnung des privaten Grundeigenthums hat nach der Ansicht Mancher nun freilich nicht nur jene von uns so nachdrücklich hervorgehobenen Lichtseiten, sondern auch erhebliche Schattenseiten. In Betreff der letzteren waltet unseres Bedünkens jedoch ein Irrthum über das wirkliche Causalverhältniss, ob. Die Schattenseiten sind nicht sowohl eine Folge der Einführung des Privateigenthums am Boden, als eine mehr oder weniger unvermeidliche begleitende Erscheinung derjenigen ursächlichen Verhältnisse, welche zum intensiveren Bodenanbau gezwungen und damit wieder zum Privateigenthum hingeführt haben. Die grössere Bevölkerung, die höheren Preise der Nahrungsmittel, die gesteigerte Concurrenz unter den Menschen bei stärkerer Volksdichtigkeit, kurz alle Verhältnisse höherer Wirthschafts-

und Culturstufen machen den »Kampf ums Dasein« für den einzelnen Menschen gegenüber Seinesgleichen nur heisser. Die allgemeine Lage der grossen Mehrzahl, nicht nur der unteren, sondern aller Classen wird gespannter. Die Ungleichheit der Gaben, Charaktere, des Fleisses, der Tüchtigkeit, die Ungleichheit des »Glücks«, das im Menschenleben auch durch socialistische Gleichmacherei seinen Einfluss niemals verlieren wird, gewinnt in vieler Hinsicht erst auf höherer Entwicklungsstufe die rechte Bedeutung. Erst hier sind in der Mannigfaltigkeit der Lebensverhältnisse alle jene günstigen Momente recht zu verwerthen, während die ungünstigen grade hier um so schlimmer einwirken. Auf niedriger Stufe wird die Gleichheit der wirthschaftlichen Lage Aller grösser sein, aber nicht weil Alle gleich viel, sondern weil sie gleich wenig besitzen, und bevorzugte wie nachtheilige Eigenschaften der Einzelnen hier eine geringere Wirkung ausüben.

Freilich, der ungünstiger Gestellte, der Schwächere und Aermere wird die Ungleichheit der wirthschaftlichen Lage vielleicht nicht schon desshalb erträglicher finden, weil es ihm selbst immerhin absolut besser geht als seiner Classe in früherer Zeit. Auch dass die Ungleichheit der Lage als mächtigster Ansporn für das Emporstreben dient und in unzähligen Fällen jedenfalls mit eine Folge von Verdienst und Schuld ist, wird nicht immer tröstlich erscheinen. In den ländlichen Verhaltnissen, wo auf hoher Wirthschaftsstufe der Boden seinen grössten Tauschwerth erzielt, mag der Nichtbesitzende seinen Zustand leicht als harten Druck betrachten. Die gleichen unentgeltlichen Ackerloose für Jeden »kraft Menschenthums« sind dann wohl verlockend genug. Neue Agrargesetze, neue Bodenvertheilung, Abschaffung des Privateigenthums am Grund und Boden, blosse Nutzniessung höchstens, Einführung von Gemeineigenthum — das sind dann Forderungen, welche psychologisch begreiflich werden. Aber ihre Verwirklichung wäre darum

cht minder falsch, unzweckmässig, ungerecht und wahrlich
ir die, welche das Verlangen stellen, nicht weniger verderblich
s für die angegriffenen Grundeigenthümer. Denn was wäre
nders die Folge, als dass für die Masse der heutigen Bevölerung schon die blossen Existenzbedingungen untergraben
ürden!

Wohl findet sich in den einfacheren Verhältnissen niedrigerer Virthschaftsstufen manches Schöne, Idyllische, mehr Ruhe und
Behagen, wie noch heute auf dem Lande im Vergleich mit
ler Stadt, in kleinen Städten gegenüber grossen. Freilich war
laneben früher so Unzähliges, das unserer heutigen Bevölkerung und darunter den schlechtstgestellten Classen und Personen
vahrhaft unerträglich erscheinen würde. Doch das specifisch
Günstige der niedrigeren Stufen ist unwiederbringlich verloren,
weil es nur unter ganz anderen Wirthschafts- und Bevölkerungsverhältnissen möglich war. Wer es uns in der alten
Weise wiederbringen wollte, müsste zuvor unsere Volkszahl
auf den dritten oder vierten Theil wieder vermindern. Und
ob die Uebrigbleibenden dann die ganze Vergangenheit um
die ganze Gegenwart eintauschen möchten?!

Wohl sind die Klagen über Gebrechen und Schäden unserer jetzigen Wirthschafts- und Culturepoche grade neuerdings
wieder vielfach zu vernehmen. Dem übertriebenen, schön färbenden Optimismus einer einseitigen volkswirthschaftlichen
Partei gegenüber oft genug mit vollem Rechte. Wohl mag
die unsichere und kümmerliche Lage eines Theils der Bevölkerung, die schwierige Stellung des Handwerks gegenüber dem
Fabrikwesen, die ungenügende Situation des Fabrikarbeiters,
die mühselige Arbeitslast des ländlichen Kleinbesitzers und die
dürftige Existenz des Taglöhners, die ruhelose Concurrenz in
fast allen Berufszweigen, welche doch nicht Zweck und Ziel
bleiben kann, die zuchtlose, in den Mitteln nicht wählerische
Erwerbssucht der Speculanten, für welche der Criminalcodex

so oft auch der einzige Maasstab die Sittlichkeit ist, die entnervende Ueppigkeit der reichen Classen, — wohl mag dies Alles den Besonnenen häufig genug an die tiefen Schattenseiten unserer Zustände erinnern und am wenigsten wird man sich unseres Erachtens diesen Verhältnissen gegenüber bei der bequemen Straussenpolitik des optimistischen Manchesterthums und seiner alleinseligmachenden Lehre vom absoluten *Laissez faire* beruhigen dürfen.[43] Aber niemals sollte man dabei doch vergessen, dass in den Wirthschafts- und wirthschaftlichen Rechtsformen einer früheren Zeit unmöglich das Heil liegen kann. Denn diese Formen, bei welchen die Masse der damaligen Bevölkerung schwerlich Eines ins Andere gerechnet an sich besser, sondern schlechter daran war, als jetzt, waren unter allen Umständen doch nur für ganz andere Bevölkerungsverhältnisse bestimmt. Hungern heute Einzelne, darben Manche, plagen sich bei knappem Verdienst Viele, befindet sich die grosse Mehrzahl höchstens leidlich, — nun die Verbesserung ihrer Aller materiellen und geistigen Lage wird das Streben der Gegenwart sein müssen und ist es auch. Denn trotz Allem: die Signatur unserer Epoche ist das Ringen um Hebung der unteren Classen. Aber wie es gegenwärtig auch allen jenen Vielen gehe, deren Lage noch erheblich verbessert werden muss: in den heutigen Wirthschaftsformen leben sie wenigstens, in den früheren würden sie einfach verhungern. Am unbedingtesten und streng wörtlich gilt dies bei einer Rückkehr vom Privat- zum Gemeineigenthum am Boden, wie sie die Socialdemokraten vorschlagen.

Jeder Versuch einer solchen Rückkehr müsste bei den heutigen Bevölkerungsverhältnissen West- und Mitteleuropa's aber gleich im Beginn zum völligen Ruin ausschlagen, wenn er nicht mit einer ausserordentlichen Beschränkung der Einzelfreiheit und mit der Herstellung einer wahrhaft absoluten Zwangsgewalt der Gemeinschaft verbunden würde.

de auch nur etwas grössere Intensivität der Bebauung bliebe
onst unmöglich. Jener Zwang hätte gleichwohl muthmaasslich
inen nicht halb so günstigen ökonomischen Erfolg als das
ersönliche Interesse des Privateigenthümers und wäre für die
ngeheuere Mehrzahl der Bevölkerung doch ungleich drücken-
er als die jetzige »Herrschaft des privaten Grundeigenthums
nd des Kapitals.« Die Arbeiter mögen das bedenken. Frei-
ch ihre »Führer« werden davor nicht zurückscheuen, sie leiden
a auch nicht darunter, sondern gewinnen nur für sich die
autokratische Stellung« in noch viel höherem Maasse, welche
ie den »Unternehmern« im bestehenden Productionssystem zum
Vorwurf machen. Das hat sich ja schon in den Anfängen der
socialdemokratischen Arbeiterbewegung zur Genüge gezeigt.
Um so mehr sollten die Arbeiter sich vorsehen, dass sie nicht
vom Regen in die Traufe gerathen.

Eine eindringliche Warnung liegt in den russischen Erfahrungen. Nicht zufällig steht das russische Gemeindeeigenthum mit Schollenpflichtigkeit und Leibeigenschaft in enger
Verbindung. Gerade die neuesten Erfahrungen seit der Bau-
ernemancipation beweisen, dass diese gepriesene Einrichtung
doch vornehmlich nur durch die Leibeigenschaft sich so lange
erhalten konnte, wenn man von einzelnen fruchtbaren Gegenden
Südrusslands absieht, wo sie ökonomisch nicht in demselben
Grade schädlich wirkt. Seit 1861 erweist sich das Gemeindeeigenthum nach allen Seiten immer unhaltbarer, wirthschaftlich,
politisch, sittlich. Selbst die despotische Gewalt der Dorfgemeinde, jenes Seitenstücks der socialdemokratischen »solidarisirten Gemeinde«, über ihre Genossen reicht nicht mehr aus,
um die Agrarproduction auch nur auf der früheren Höhe der
Leibeigenschaftsepoche zu halten. Schon zeigt sich bisweilen
unter vernünftigen Bauern selbst wieder eine gewisse Sehn-
sucht — nach dem früheren Zustande! Auch der letzte Halt
der gegenwärtigen russischen Landgemeindeverfassung mit ih-

rem Gemeindeeigenthum droht mit dem Eintritt der grösseren Freizügigkeit der Bauern dahin zu sinken. Diese Freizügigkeit sollte nach dem Emancipationsgesetz am 13. (1.) Februar 1870 beginnen, ist jedoch bisher bemerkenswerther Weise trotz des Ablaufs dieses Termins nicht gewährt worden.[*])

Und solche Zustände, in welchen Leibeigenschaft und Schollenpflichtigkeit fast als Ideal, grösste Beschränkung der persönlichen Zugsfreiheit, ausgebildetster' Passzwang und willkürlichster Despotismus der aus den Faulen und Liederlichen bestehenden Majorität roher Gemeindeversammlungen noch als letzte Hilfe wider völlige Anarchie erscheinen, solche Zustände sollten unsere Landbevölkerung, unsere Arbeiter in Mittel- und Westeuropa verlocken können?!

III.

Das Gemeineigenthum am Grund und Boden nach russischen Erfahrungen.

Die russische Dorfgemeinde und Agrarverfassung hat man, verführt durch die Aehnlichkeit mit altdeutschen Agrarverhältnissen, früher ziemlich allgemein als ein „Ueberbleibsel des Nomadenthums" angesehen, welches sich organisch im Volke selbst entwickelt und die heutige Gestalt angenommen habe. National-russische Enthusiasten wie die Slavophilen haben die Institution als „Urphänomen des russischen Volksgeistes" überschwenglich gepriesen. v. Haxthausen hat die gleiche Ansicht getheilt und bis in die neueste Zeit in schroffster Weise aufrecht erhalten.[45]) Aber diese Auffassung ist nach neueren geschichtlichen Forschungen, besonders des russischen Historikers Tschitscherin, ein vollständiger Irrthum.[46]) Damit fallen folgerichtig zahlreiche Schlüsse zu Boden, welche der conservative Doctrinär v. Haxthausen, die nationalen slavophilischen Romantiker wie Aksakow, Samarin, Koscheljew, die Socialdemokraten vom Schlage Alexander Herzen's, kurz die ganze bunte Gesellschaft der Schwärmer für das russische Gemeindeeigenthum grade auf die „Naturwüchsigkeit" dieser Institution gebaut hatten Man begreift, wie unlieb diesen Herren die Forschungen Tschitscherin's waren, die aber vor den Angriffen der Bjeljajew und Consorten stehen geblieben sind.

„Keine Spur von dem jetzt allgemeinen Gemeindebesitze mit den Gemeindetheilungen findet sich in der Zeit bis zum

Ende des 16. Jahrhunderts", sagt Tschitscherin. „Der Hervorgang des russischen Gemeindebesitzes aus der Leibeigenschaft und der Kopfsteuer lässt sich historisch nachweisen. Das Land wird den Bauern als Mittel zur Entrichtung der Leistungen vom Grundherrn oder vom Staate gegeben. Da die Leistungen persönlich, also für Alle gleich sind, so muss Jedem dasselbe Maass des Grundbesitzes gegeben werden, und wenn die Bevölkerung so gewachsen ist, dass für die neuen Arbeiter kein Land mehr übrig bleibt, so kann bei Unzulässigkeit der Uebersiedlung nur eine neue allgemeine Theilung zu Stande kommen." „Was die Unfreiheit geschaffen hat, wird die Freiheit auflösen", so schloss Tschitscherin bereits vor dem Erlass des Emancipationsgesetzes.[47])

Mögen früher auch bei den alten Russen wie bei anderen Slaven und den Germanen ähnliche Einrichtungen bestanden haben, sie scheinen demnach jedenfalls mit den neueren nicht zusammen zu hängen. Grade das Gegentheil von v. Haxthausen's Geschichtsconstructionen, dass die russische Gemeindeverfassung nicht „willkürlich in irgend einer Zeit eingeführt worden, dass sie nicht das Werk einer ordnenden, eingreifenden Regierung von oben herab, dass sie vielmehr die naturnothwendige Entwicklung aus dem gesammten Volksleben des russischen Volks aus seiner Urzeit her" sei,[48]) grade das directe Gegentheil dieser Sätze, die v. Haxthausen immer und immer wiederholt und welche den Kern in den Tiraden der Slavophilen und russischen Socialdemokraten bilden, ist wahr. Nirgends findet sich auch etwas „von einer durch freie Vereinbarung zu Stande gekommenen Genossenschaft" wie behauptet worden ist. Bis zum Jahre 1592 waren die Bauern auch auf den Gütern der grossen Grundeigenthümer persönlich frei. Sie besassen das ihnen eingeräumte Land nach freiem Vertrage mit den Grundherren. „Die Hufen waren ein für allemal bestimmt, jede Hufe bildete mit allen dazu gehörigen Nutzungen ein Ganzes, und ging in dieser Gestalt von einem Besitzer zum andern über. Die Hufen wurden ohne Betheiligung der Gemeinde getheilt, vererbt, verpachtet und verkauft; selbst Dienstleute konnten Hufen käuflich an sich bringen, nur mussten sie die Lasten mittragen, . . . In dem mittelalterlichen Russland gab es weder eine *glebae adscriptio* noch eine Umtheilung des Lands."⁴⁹⁾ Die Gemeinde besass weder die ihr später zustehende finanzielle noch administrative Competenz.

Aber die Freizügigkeit des Bauern war für den Staat, der Soldaten und Abgaben, und für den Grundherrn, der Arbeitskräfte brauchte, lästig. Deshalb band zuerst ein Ukas des Czaren Fedor Ivanowitsch im Jahre 1592 die Bauern an die Scholle. Es wurden Bücher angelegt, um jedermanns Bauern anzuschreiben. Wiederholte spätere Gesetze von Boris Godunow u. A. m. bestätigten jenen ersten, eigentlich nur provisorischen Erlass und führten die Maassregel weiter durch. Zum Abschluss kam die Schollenpflichtigkeit, die Leibeigenschaft und die Gemeinde- und Agrarverfassung in ihrer heutigen Gestalt, mit ihren Umtheilungen u. s. w. erst unter Peter dem Grossen, namentlich mit dessen Kopfsteuersystem (1718, bez. 1722) und den sogenannten Revisionen oder Volkszählungen (1719/21). Die Kopfsteuer nach der Seelenzahl (männliche Personen), die Feldgemeinschaft, die Solidarhaft der Gemeinde für die Steuern, Prästanden, Grundabgaben (Obrok u. s. w.), die Ausstattung jedes Gemeindeglieds mit Land nicht nur als der Ernährungs-, sondern vor Allem als der Steuer- und Abgabequelle, daher denn auch der Zwang wider die Gemeindeglieder, solches Gemeindeland mit den darauf ruhenden Lasten zu übernehmen, das sind enge zusammenhängende Puncte in der russischen Agrar- uud Dorfgemeindeverfassung.⁵⁰⁾

Es ist hier nicht der Ort, auf die Entwicklungsgeschichte dieser Verhältnisse näher einzugehen. Es genügt für uns die geschichtliche Thatsache, dass die grossrussische Agrar- und

Dorfverfassung der Kronsbauern und ähnlich der Apanage- und Privatbauern kein »Product der uralt slavischen Volksinstincte«, sondern der Staatsgesetze des 17. und 18. Jahrhunderts war. Man kann diess gegenüber Romantikern wie Haxthausen, Schwärmern wie den Slavophilen und republikanischen Revolutionären wie unseren Socialdemokraten nicht scharf genug betonen. Die Entstehung, Ausbildung und selbst noch die heutige Erhaltung des russischen Gemeindebesitzes erklärt sich durch den harten osteuropäischen oder vielmehr asiatischen Despotismus mit seinem System drückender Steuern und Grundabgaben, für deren Eintreibung die Principien der russischen ländlichen Verfassung die beste Handhabe boten, — erklärt sich durch den furchtbaren Druck einer unumschränkten Regierung und einer auf Leibeigenschaft basirten Grundherrlichkeit.[51] Hiernach ist denn das russische Beispiel allerdings ein Beleg dafür, dass man solche Sachen durch Staatsgesetze von Oben aus machen kann und davon werden unsere Socialdemokraten vielleicht für ihre Zwecke Act nehmen. Aber dann mögen sie auch die Mittel und Umstände, mit denen das Gemeindeeigenthum in Russland durchgeführt worden ist, nicht scheuen. Unsere Landbevölkerung und unsere Arbeiter werden in diesem Fall vielleicht den Geschmack für das »Urphänomen des slavischen Volksgeistes« vollends verlieren.

Die angedeutete Entstehung mag auch wohl erklären, dass sich die Institution vornehmlich auf Grossrussland und nur kleine anstossende Theile von Kleinrussland beschränkt, innerhalb dieses Gebiets sich mitunter weiter bei andern nichtrussischen Völkerstämmen eingebürgert hat[52], aber den später eroberten Ländern des heutigen Russland fremd geblieben ist. Erst in den letzten Jahren, seit der Zertretung der unglücklichen Polen, ist das Streben erwacht, in Litthauen und den westlichen Gouvernements das »urslavische Princip« als Russificirungsmittel zu benutzen.⁵³) Vielleicht wird dadurch der Keim zu einer erst wahrhaft antirussischen Bewegung in allen Theilen der Bevölkerung dieser Provinzen gelegt.

In ihrer Durchführung bietet die grossrussische Agrarverfassung nun allerdings, wie schon bemerkt, im Einzelnen viele Aehnlichkeit mit altdeutschen Verhältnissen. Das mag sich zum Theil mit daraus erklären, dass innerhalb der von Oben gezogenen Schranken ein gewisser Spielraum blieb, die Detailpuncte den einmal angenommenen Grundsätzen gemäss zu entwickeln. Dabei brach sich dann wieder der Einfluss der «Natur der Sache» Bahn.

Die Emancipationsgesetzgebung von 1861 und den folgenden Jahren hat den Gemeindebesitz bestehen lassen und an den periodischen Bodenvertheilungen, den Nutzniessungsverhältnissen des einzelnen Bauers u. s. w. nichts geändert. Es war dies beantragt worden, indem manche Stimmen mit vollem Rechte den Zusammenhang zwischen der Leibeigenschaft und dem Gemeindebesitz hervorhoben und letzteren sammt den Vertheilungen nach Aufhebung der Leibeigenschaft für unhaltbar erklärten. Eine nunmehr neunjährige Erfahrung hat die Richtigkeit dieser Ansicht erwiesen. Aber Dank slavophilischer Schwärmerei und Haxthausen'schem Pseudoconservatismus hat die gegentheilige Ansicht gesiegt.⁵⁴) Das Gesetz hat daher die Beseitigung des Gemeindebesitzes und den definitiven Uebergang der Ländereien in das Privateigenthum, bez. in den immerwährenden und erblichen Besitz der Bauern einer Dorfgemeinde nur gestattet, nicht geboten. Da jedoch zu einer solchen Maassregel eine Majorität von zwei Dritteln der stimmberechtigten Gemeindegenossen nothwendig ist und die grosse Masse der faulen, liederlichen, trunksüchtigen und mit Abgaben im Rückstande befindlichen Bauern begreiflich genug an dem Gemeindebesitz und der Solidarhaft, diesen beiden «Prämien für Faulheit und Unordnung» Gefallen findet, so versteht man leicht, dass auch nach 1861 die Einführung des Privateigenthums oder dauernden Privatnutzungsrechts am Boden fast noch nirgends erfolgt ist.⁵⁵) Nur kann aus dieser Thatsache wahrlich kein Beweisgrund für die jetzige Einrichtung hergenommen werden

Abgesehen von manchfachen localen Verschiedenheiten besteht im Wesentlichen folgender Zustand heutzutage in Grossrussland. Wald, Weide, Fischfang, Jagd bleiben ungetheilt in gemeinsamer Benutzung. Haus und Garten — Hofstatt — sind im dauernden Besitz des Einzelnen, müssen aber beim Wegzug, der von der Erlaubniss der Gemeinde und der vorausgehenden Erfüllung gewisser Verpflichtungen abhängt, an ein Gemeindeglied veräussert werden. Am Erlös dafür, sowie am beweglichen Vermögen besteht ein eigentliches Privateigenthum. Periodischer Theilung unterworfen sind Aecker und Wiesen, bei letzteren wird mitunter nur der Heuertrag getheilt.

Die hauptsächlichen Grundsätze, nach welchen die einzelnen Gemeindegenossen mit Land ausgestattet werden, sind schon früher zur Sprache gekommen. Ich führe hier noch Einiges etwas weiter aus.⁵⁶)

Der Maasstab der Theilung ist nicht überall der gleiche, er schwankt nach dem bisherigen Rechtscharakter des Bodens und auch örtlich. Mitunter, so bei den Kronsbauern auf den Staatsdomänen, wird nach der Kopfzahl, d. h. in Russland bekanntlich nach der Zahl der männlichen Revisionsseelen, sonst in der Regel nach sogen. Tjaglo's, was man etwa mit »selbstständiger Familienhaushaltung« wiedergeben kann, getheilt. Auch der Begriff des Tjaglo hat locale und geschichtliche Veränderungen erfahren. Bei den Privatbauern scheint es jetzt Regel zu sein, dass Verheirathung und Gründung eines eigenen Hausstands Anrecht auf eines der gleichen Landloose der Gemeinde oder umgekehrt auch die Verpflichtung begründet, einen solchen Landantheil mit den darauf haftenden Lasten zu übernehmen, — und wenigstens im Norden läuft die Sache charakteristisch genug oftmals auf diese Verpflichtung hinaus.⁵⁷⁾ In der Emancipationsgesetzgebung wird bei der Auseinandersetzung zwischen den Bauern und den Grundherrn, deren Boden die ersteren inne haben, und bei der gesetzlichen Dotation der Dorfgemeinden mit Land zur immerwährenden Nutzniessung stets nach «Seelen» gerechnet, doch hindert dies nicht, dass bei der Vertheilung des Lands an die einzelnen Bauern nach wie vor der Tjaglo den Repartitionsmaasstab bildet.

Auch die Periode der Theilung ist örtlich verschieden nach dem Herkommen, wenn auch das Gesetz mindestens bei jeder Revision eine neue Vertheilung bestimmt im Sinne zu haben scheint. Diese Revisionen sind nicht ganz regelmässig, seit 1719—21 bis heute fanden 10 statt, die letzte 1857 ff.⁵⁸⁾ Eine jährliche Vertheilung, ausser bei den Heuschlägen, scheint kaum vorzukommen. Die Aecker werden öfters alle 6, vielfach alle 9 Jahre, mitunter erst in 12—15 Jahren und bei den Kronsbauern in der That nach jeder Revision neu getheilt. Je länger die Periode, desto mehr Annäherung des Nutzniessungsverhältnisses wenigstens an ein Pachtverhältniss. Mitunter, doch nach wie vor 1861 nur selten, besteht keine Umtheilung mehr. Die Länge der Periode hängt bei dem gleichen Antheilsrecht der Gemeindegenossen und der Bemessung der meisten Abgaben, Steuern und Prästanden nach der Seelenzahl in der Gemeinde sowie bei der Voraussetzung der russischen Steuergesetzgebung, dass der steuerpflichtige Einzelne behufs seiner Steuerfähigkeit mit Land von seiner solidarisch für ihn haftenden Gemeinde ausgestattet werde, wohl mit ab von dem Vorhandensein und der Grösse des noch nicht vertheilten Gemeindelands. Solches wird zur Ausstattung neuer Ackerloose öfters, wo Grund und Boden noch reichlich vorhanden, in Reserve behalten. Wo es fehlt, oder klein, schlecht, abgelegen ist, wenig alte Antheile erledigt werden und viele neue Haushaltungen hinzutreten, da wird eine öftere und frühere Erneuerung der Umtheilung nothwendig.

Bei der Theilung wird auf Gleichheit der Theile nicht nur nach Bodengüte, sondern besonders auch nach Lage das meiste Gewicht gelegt. Bei extensiver russischer Landwirthschaft und der Bebauung grosser Flächen ein Hauptpunct. In Verbindung mit dem russischen Dorfsystem und der fast allgemein vorherrschenden Dreifelderwirthschaft kann diese Gleichheit der einzelnen Landloose dann nur wieder durch eine sehr bunte Gemengelage und starke Zertheilung der Feldmark in kleine Parcellen herbeigeführt werden. Nach den klimatischen und den Culturverhältnissen Russlands hat das Dorfsystem freilich Vieles für sich, das Hofsystem wäre indessen gegenwärtig schon manchfach zweckmässig und hätte einen sehr schwerwiegenden Vortheil, den man nach den Erfahrungen der letzten Jahre nicht hoch genug anschlagen kann: dass der Weg zur Schenke weiter wäre. Jetzt werden nach Lage oder Entfernung drei Zonen um das Dorf herum gebildet, und diese in drei Theile zerlegt. Innerhalb dieser Gewanne oder Kampe wird das Land in lange schmale Streifen zertheilt, die meist bei 21—42 Fuss Breite, 700—3500 Fuss Länge ($^1/_7$ Meile) haben. Diese Streifen werden dann nach der Zahl der Landloose unter die Gemeindegenossen verloost. Natürlich stört diese zerstreute Lage der kleinen schmalen Landfetzen die ordentliche Bestellung wieder sehr. Dieser Uebelstand wird allgemein hervorgehoben. Um ihn zu beseitigen, haben schon Haxthausen u. A. m. eine gemeinsame, genossenschaftsartige Feldbestellung befürwortet [59], die nur wieder ihre andren noch grösseren Schwierigkeiten und Mängel hat. Diese schlechte Arrondirung ist bei den socialdemokratischen Projekten zu vermeiden und hängt nur dem russischen Landsystem als specifisches Uebel an.

Diese Gemengelage bedingt dann wieder einen Flurzwang.

welcher zum Hinderniss jeder von Einzelnen etwa beabsichtigten Betriebsverbesserung werden muss.

Theils dieser Flurzwang, theils die Solidarhaft der Gemeinde für die auf dem Lande und auf dem Bauer lastenden Verpflichtungen und Abgaben machen eine weitgehende Abhängigkeit des Individuums von der Gemeinde nothwendig. Da das Privatinteresse an einer ordentlichen Bebauung bei dem System des Gemeindeeigenthums in hohem Grade fehlt und die gemeindliche Solidarhaft nichts Anderes ist als die Haftung der Tüchtigen, Fleissigen, Mässigen für die Unordentlichen, Faulen und die Säufer, was natürlich den Eifer der Besten lähmt, so muss irgend wie durch einen Zwang von oben dafür gesorgt werden, dass die Feldbestellung doch nicht gar zu schlecht und die Entrichtung der Abgaben u. s. w. nicht gar zu unregelmässig werde.

Zu diesem Behufe ist schon früher und auch jetzt noch nach der Emancipation der Gemeinde, bez. der Gemeindeversammlung eine umfassende Aufsichts- und Strafgewalt gegeben. Daneben besass aber der Gutsherr vor 1861, bez. 1863 eine ähnliche, nur viel wirksamere Gewalt. Die Erfahrungen der letzten Jahre haben gezeigt, dass mit der Beseitigung dieser gutsherrlichen Gewalt Fleiss, Ordnung und landwirthschaftlicher Betrieb der Bauern fast überall die grössten Rückschritte gemacht hat. Die Gewalt der Gemeinde hat sich mithin ungenügend erwiesen und dennoch, wie weitgehend und drückend ist sie noch heute!

Der russische Bauer ist nicht mehr Leibeigner eines adligen Grundherrn, aber er ist Dank dem Gemeindeeigenthum am Boden und der solidarischen Haftung der Gemeinde Sclav der Gemeinde geblieben.[60]) Damit hat sich aber in mehr als einer Beziehung seine Lage verschlechtert und mit Recht sagen unparteiische Russen, es sei ein Hohn, beim russischen Bauer von Freiheit angesichts dieser ausserordentlichen Abhängigkeit von der Gemeinde zu sprechen. Die Gemeindeversammlung bestimmt den Termin für die Frühjahrsbestellung und für alle weiteren Feldarbeiten bis zur Ernte. Der Gemeindeälteste überwacht die angeordnete Ausführung, Abweichungen werden bestraft. Gegen unordentliche Wirthe, welche mit den Zahlungen in Rückstand bleiben, hat die Gemeinde ein hartes und dennoch meist unwirksames Strafrecht. Sie konnte sie früher mit Schlägen, jetzt mit Zwangsarbeit bestrafen, schliesslich sie aus der Gemeinde ausweisen, in die Arrestantencompagnieen des Heeres stecken, ja nach Sibirien verschicken lassen. Die Freizügigkeit der Bauern ist um der Solidarhaft willen höchst beschränkt, von der Gemeinde hängt die Ertheilung und die Zeitdauer der Pässe ab, welche für alle örtliche Bewegung der ländlichen Bevölkerung ausserhalb des Domicils vorgeschrieben sind. Jetzt (1870) sollte wie gesagt grössere Freizügigkeit eintreten, aber man hat prophezeit, dass ganze Gemeinden, besonders aus dem Norden und der Mitte Russlands nach dem Süden und nach dem »Land der schwarzen Erde und der warmen Gewässer«, wovon der nordrussische Bauer träumt, auf und davon laufen werden. Die Ausübung der Zwangsgewalt der Gemeinde steht der Gemeindeversammlung zu. Auf letztere oder genauer gesagt auf die jedesmalige Stimmenmajorität in ihr ist die Gewalt, die früher der Gutsbesitzer über die Leibeignen übte, direct übergegangen. Man kann sich das socialdemokratische Ideal gar nicht schöner verwirklicht denken. Jene Majorität aber ist, wie russische Stimmen selbst sagen, »ein roher ungebildeter Haufen ohne jedes Gefühl moralischer Verantwortlichkeit«. Die Schreier führen das grosse Wort, der Branntwein übt seine unbedingte Herrschaft, die Liederlichen, Faulen und Trunkenbolde, welche beim Gemeindeeigenthum und der Solidarhaft gut fahren, entscheiden.[61]) Das »neue Leibeigenschaftssystem«, die Abhängigkeit des Einzelnen von der Gemeindeversammlung, ist drückender als die früher vom Grundherrn. Aber in Beziehung auf die landwirthschaftliche Production und damit auf die durchschnittliche Lage Aller ist das neue System noch viel schlimmer, denn die vom Grundherrn ausgeübte Gewalt konnte wenigstens vernünftig zum Zweck der Production geleitet werden, der Gewalt der Gemeindeversammlung fehlt das Steuer.

Diese Mängel liegen aber in den Principien des ganzen communistischen Agrarsystems, sie würden bei demjenigen unserer Socialdemokraten ganz ähnlich hervortreten. Zerrüttung der landwirthschaftlichen Production, Abnahme des Wohlstands, zunehmende Entsittlichung der Bevölkerung, wahrhaft unerträglicher und dennoch in productiver Hinsicht unwirksamer Druck wüster Gemeindeversammlungen, in denen die Demagogen die Majorität gewännen, schliesslich vollständige Anarchie und wirthschaftliche und sociale Auflösung, worauf dann wieder ein gewaltiger Zuchtmeister mit Feuer und Schwert Ordnung stiftete und von der Menge selbst als Retter gepriesen würde: das ist das auch »naturnothwendige« Ergebniss bei einer Verwirklichung der socialdemokratischen Agrarrevolution. Das Bild, das gegenwärtig Russland bietet, zeigt nur zu deutlich, wohin die »Abschaffung des privaten Grundeigenthums führt.«

Ich übertreibe nicht im Mindesten. Allmälig sind alle russischen Stimmen über die wahrhaft trostlose Lage der russischen Landwirthschaft und der ländlichen Classen einig. Alle Organe der öffentlichen Presse wimmeln von Klagen. Vom conservativen Westj, von der Moskauer Zeitung Katkow's, des wahren russischen Selbstherrschers, bis zum Golos, bis zu Aksakow's, des Slavophilen, Moskwa und bis zu Koscheljew's, des Demokraten und Polenfeinds Jammerruf: allgemein heisst es: so geht es nicht mehr lange weiter. Die Gutsbesitzer sind ruinirt, der Bauer ist schlechter daran als je. „Die Landwirthschaft hat Rückschritte gemacht, die jeden Vergleich mit anderen Völkern und Zeiten ausschliessen, die Production nimmt allenthalben ab, die Gutsbesitzer stehen am Rande des Bankerotts, die Bauern sind ärmer, liederlicher und verkommener als sie je zur Zeit der Unfreiheit gewesen, die ländliche Justiz und Verwaltung stellt ein unentwirrbares Chaos dar", so ruft der conservative Verfasser der anonymen Schrift „Land und Freiheit", P. L. (von Lilienfeld?), Anfang 1868 aus[62]). „Allgemeine Niedergeschlagenheit und Apathie, sorgloses Leben in den Tag hinein: Trägheit, Trunk und Diebstahl", das sind die allgemeinen Wahrnehmungen, welche der Verfasser eines »Briefs vom Lande« an die Katkow'sche Moskauer Zeitung (das Organ der heissblütigsten grossrussischen Nationalen, die intellectuelle Urheberin der unmenschlichen russischen Wirthschaft in den polnischen Ländern) schon im Jahre 1866 aus einem südlich von Moskau gelegenen Gouvernement mit obigen Worten zusammenfasst.[63)] Rückgang der bäuerlichen Einnahmen, Abnahme des Viehstands, starke Vermehrung der Theilungen in fast allen bäuerlichen Familien, Ausleerung der öffentlichen Kornmagazine der Dorfgemeinde, entsetzliche Zunahme der Völlerei. des Diebstahls, wahres Chaos der bäuerlichen Selbstverwaltung. grösste Parteilichkeit der bäuerlichen Richter für den, welcher am meisten Branntwein spendet, Unpünktlichkeit, Unordnung, Vertragsbrüchigkeit der Feldarbeiter, so dass es unmöglich wird, Leute in Dienst zu nehmen, höchstens noch die bitterste Noth ein wenig wirksamere Zuchtmeisterin der Faulheit, wie im Hungerjahr 1867/68, vollständige Unfähigkeit der Bauern. sich allein selbst zu verwalten, — das ist die Schilderung, welche der Demokrat und Slavophile Koscheljew nach seinen eigenen Wahrnehmungen in Russland, (nach der Rückkehr von einem jener Russificirungsämter in Warschau) in einem Sendschreiben entwirft, — eine Schilderung, welche er mit der offenen Forderung schliesst, dass es vor Allem unbedingt nothwendig sei, wieder eine selbständige, kräftige und dauerhafte Autorität über den Bauern und Gemeinden zu errichten.⁶⁴)

Und diese Stimmen aus den gebildeten Kreisen der russischen Gesellschaft und aus allen Parteigruppen der letzteren stehen keineswegs allein. Die »befreiten«, aber unter dem Zwang des Gemeindeeigenthums, der Solidarhaft und des Despotismus der Gemeindeversammlung stehenden Bauern sprechen vielfach ganz ebenso. „Wohl hat — so ruft ein frommer alter Bauer bei einem Kirchenfeste der versammelten Menge zu — unser Väterchen, der Czar, uns die Freiheit gegeben, aber siehe da, sie passt uns nicht, weil unser Verstand nicht ausreicht. So lasst uns beten, rechtgläubige Christen, auf dass uns der Czar des Himmels und die heilige Mutter Gottes auch den Verstand geben, den wir nöthig haben, damit die Freiheit uns nicht verderbe."⁶⁵) Ja, die Freiheit neben einem communistischen Wirthschaftsprincip, sie hat bereits nur zu viel verdorben. Die Bauern selbst protestiren gegen die Beseitigung der Beamten, welche aus den Grundbesitzern hervorgegangen sind, aus Furcht, von den Beamten aus ihrer Mitte wie »von den Gemeindeversammlungen, Aeltesten und Gemeinderichtern gradzu aufgefressen zu werden.« Da sei es am besten, man lege sich gleich nieder und sterbe; sie, die Bauern, verständen sich nicht selbst zu verwalten; sie fürchteten sich, ihren Säufern mit Hals und Kragen überantwortet zu werden; wählten sie auch ordentliche Bauern zu Richtern u. s. w., nach kurzer Zeit taugten dieselben nichts mehr.⁶⁶)

Das sind die Zustände der ländlichen Bevölkerung und der Landwirthschaft, wie sie uns von patriotischen Russen aller politischen und socialen Parteien, aller Kreise und Classen der Bevölkerung geschildert werden. Diese Zustände haben sich in den letzten Jahren, besonders durch die Missernte von 1867, ohne Zweifel in geometrischer Progression verschlimmert. Aber schon in den ersten Jahren nach 1861 traten ähnliche Wahrnehmungen hervor, wie u. A. obiges Citat aus dem Briefe an die Moskauer Zeitung beweist. Aber wie urtheilte noch Anfang 1866 die »grosse Autorität in russischen Agrarsachen« Herr von Haxthausen? „In Russland, sagt er, hat die grosse Gesetzgebung (über die Emancipation) bis jetzt eine merkwürdig günstige Wirkung gezeigt. Die Bauern zeigen sich überall gehorsam den Anordnungen ihres Czaren, dabei besonnen, klug und ihre Interessen genau erwägend.... Ueberall zeigt uns Russland das Bild und die Wirksamkeit einer umfassenden Evolution, aber nirgends einer Revolution." [67]) Kann es einen schneidenderen Contrast zwischen diesen Worten und jenen russischen Schilderungen geben? Ist der conservative westphälische Freiherr, der Freund des Gemeindeeigenthums, der Gegner der modernen »liberalen Bourgeoisökonomie« ein weniger verrannter Doctrinär, als je einer auf der liberalen Seite war, auf welcher in diesem Fache so tausendfältig gesündigt worden ist?

Allerdings, die Zustände sind nicht in allen Theilen des russischen Reiches gleich schlimm. Im Süden, auf dem fast unerschöpflichen Humusboden der Schwarzerde, gehen die Dinge wenigstens noch leidlich, so viel Klagen immerhin auch von hier ertönen. Dank der freigebigen Natur, einem schon besseren Klima, genügt hier noch einfachste Feldarbeit, Düngung ist wenigstens jetzt noch entbehrlich, daher der Viehstand, der sich auch hier vermindert hat, nicht so wichtig, wie anderswo, das communistische Agrarprincip denn auch noch eher haltbar. Dagegen im Norden und in der Mitte Russlands fehlen diese günstigen Naturbedingungen. [68]) Trotz der spärlichen, armen Bevölkerung muss der knappe Bedarf der letzteren an Bodenerzeugnissen vielfach der Erde unter ähnlichen Schwierigkeiten wie in dem bevölkerteren Westen Europa's abgerungen werden. Das Klima, die Kürze der Feldbestellungszeit erschwert die Lage noch mehr. Hier erst zeigen sich alle jene schlimmen

Verhältnisse im ärgsten Maasse. Hier hat der unentbehrliche Viehstand in den letzten Jahren vielfach um ein Viertel, ein Drittel, ja die Hälfte abgenommen, die Aussaat hat sich verringert, die Ernten sind relativ noch schlechter geworden als früher, grössere Güter der Grundbesitzer werden mitunter, selbst im Petersburger Gouvernement, aus Mangel an Arbeitern und wegen gänzlich fehlenden Reinertrags gar nicht mehr bewirthschaftet. Der Gemeindedespotismus reicht hier nicht mehr aus, um eine auch nur halbwegs leidliche Bestellung des Gemeindelands zu erzwingen. In den Gemeindeversammlungen wird heftig darüber gestritten, nicht wer Land haben soll, sondern wer es übernehmen muss, bei leer gewordenen bäuerlichen Stellen. „Eine merkwürdige Art Eigenthum", ruft unser russischer Gewährsmann aus, „das man den Leuten mit Zwangsmitteln aufpacken muss." Was Wunder, dass selbst im Petersburger Gouvernement nach demselben Gewährsmann die Bodenpreise für Güter unter 2 Rubel p. Dessjatine, in benachbarten Gouvernements auf $1/3$, $1/4$ Rubel, ja auf 5 Kopeken gesunken sind. Fünf Kopeken die Dessjatine Land, $1/3$ Silbergroschen der Morgen, ja unser russischer Patriot hat Recht, die Ziffer sagt eigentlich Alles, auch wenn seine Notizen das Extrem bezeichnen! Denn dass ein solches Extrem, und zwar gar nicht selten, vorkommen kann, ist entscheidend genug.[69])

Natürlich ist es nicht das Institut des Gemeindeeigenthums allein, welches all dieses Elend verschuldet. Vielerlei wirkt hier zusammen. Der Uebergang aus jahrhundertlanger Knechtung zur Freiheit vollzieht sich niemals glatt und leicht. Die Aufhebung der Frohnden und der gutsherrlichen Gewalt hat auch in Mitteleuropa zunächst immer manche Erscheinungen hervorgerufen, welche wenigstens an die heutigen ländlichen Zustände in Russland entfernt erinnern. Es zeigt sich in diesem grossen Reiche wieder an einem gewaltigen Beispiel, dass ein Volk durch einzelne noch so wohlgemeinte Reformen von

Oben nicht mit einem Male emporgehoben, um Jahrzehnte oder gar Jahrhunderte vorwärtsgeschoben werden kann. Nur langsam durch eigene Arbeit vermag sich ein Volk den Weg zur Cultur zu bahnen und Mühe wird ihm dabei nicht erspart. Im Grunde ist die russische Erfahrung mit der chaotischen Zerrüttung, welche der Aufhebung der Leibeigenschaft vorläufig gefolgt ist, für den Weiterblickenden sogar trostreich. Denn sie beweist, dass ein Volk nicht ungestraft durch Generationen falsch behandelt werden und auch der wohlmeinende Absolutismus die Sünden, welche früher begangen sind, nicht mit einem Federstrich oder einem Czarischen. «Dem sei also» einfach wieder gut machen kann.

Aber unter denjenigen, welche unbefangen die heutige russische Noth geprüft haben, ist doch kaum ein Zweifel darüber, dass diese Noth erst durch das falsche Wirthschaftsprincip des Gemeindeeigenthums und der damit zusammenhängenden Solidarhaft der Gemeinde auf ihre jetzige Höhe hat steigen können. Freilich, Slavophilen wie Koscheljew, welche bis ins Einzelne hinein die Lage mit denselben düstern Farben schildern, wie ihre politischen Gegner, wollen das noch nicht eingestehen.[71] Die rothen Socialdemokraten und Nihilisten Russlands läugnen es selbst, weil sie in der eingerissenen Verwirrung am besten für ihre radicalen politischen und socialen Umsturzpläne wirken zu können hoffen. Alle Anderen, früher namentlich auch die Moskauer Zeitung, bis Katkow in Folge des polnischen Aufstands in die russische Nationalitätsraserei verfiel, jüngst besonders der patriotische und besonnene Verfasser von „Land und Freiheit», ja die Regierungsorgane bereits selbst bezeichnen offen in erster Linie das russische Agrar- und Dorfgemeindesystem als die wichtigste Ursache davon, dass das „Geschenk des grossmüthigen Kaisers" bisher so gar wenig gute, ja fast nur schlimme Früchte getragen hat. Alles spricht dafür, dass diese Auffassung richtig ist. Zahlreiche unparteiische Zeugen,

Praktiker, Staatsmänner, Nationalökonomen, Russen und mit russischen Verhältnissen vertraute Deutsche, schliessen sich dieser Ansicht an. Dieselbe lässt sich kurz in den Satz zusammenfassen: das russische Agrar- und Gemeindeprincip kann erst jetzt nach Aufhebung der Leibeigenschaft alle seine schlimmen Folgen offenbaren, weil nur der wenigstens noch vernünftig zu leitende Zwang der Gutsherrn, nicht aber der jetzt allein dessen Stelle einnehmende Zwang der Gemeindeversammlungen einigermaassen im Stande ist, die mangelnde Triebfeder des persönlichen Interesses im Landwirthschaftsbetrieb zu ersetzen.

Der bekannte Verfasser der «Studien über die Zukunft Russlands», Schédo-Ferroti (Baron Fircks) hat eine dieser geistvollen Arbeiten, die zehnte, dem «Erbgut des Volks» (patrimoine du peuple), dem russischen Gemeindeeigenthum gewidmet. Er will dieses Institut nicht vollständig beseitigt und das bäuerliche Nutzniessungsrecht nicht in reines und volles Privateigenthum am Grund und Boden verwandelt, sondern einige Puncte der bisherigen Gemeinde- und Agrarverfassung bei der auch ihm unvermeidlich erscheinenden Reform beibehalten haben[72]. Um so weniger wird er in den Verdacht einer zu einseitigen Gegnerschaft des russischen und verwandter Landsysteme kommen. Aus seiner scharfsinnigen und die Hauptsache gut zusammenfassenden Kritik will ich noch Einiges hervorheben.

Die Nachtheile, welche das jetzige System nach der Ansicht seiner Gegner mit sich bringt, stellt Schédo-Ferroti in folgenden vier Puncten zusammen.[73] Es macht einmal fast jeden landwirthschaftlichen Fortschritt unmöglich; es führt ferner zu einer wahrhaft unleidlichen Parcellirung des Bodens; es lähmt drittens und bestraft förmlich den Fleiss des Einzelnen Dank dem Princip der Solidarhaft der Gemeinde, und endlich viertens — nach unseres Gewährsmannes Ansicht der schlimmste Punct — es zerstört durch die discretionäre Zwangsgewalt der Gemeinde die Freiheit des Individuums in unerträglichem

Grade und versetzt den Bauer so nur in eine noch schlimmere Knechtschaft als diejenige war, aus welcher er kaum entlassen ist.

Von diesen vier Nachtheilen ist der zweite allerdings dem russischen Landsystem, wie schon erwähnt wurde, eigenthümlich, weil er aus der Vertheilung des Lands zur zeitweisen privaten Nutzniessung in gleich grossen Ackerloosen entspringt. Die drei anderen sind dagegen jedem communistischen Landsystem, auch dem Project unsres Internationalen Arbeiterbunds, inhärent. Ja, sie würden hier noch schärfer hervortreten, grade wenn das Land auch nicht einmal zeitweilig zur privaten Nutzniessung wie in Russland vertheilt werden würde.

Die Begründetheit jener Nachtheile des russischen Agrarwesens gesteht Schédo-Ferroti zu. Selbst die Anhänger des Gemeindebesitzes, wie v. Haxthausen, die Slavophilen und die radikalen Demokraten, bestreiten den ersten Punct nicht, obwohl von Haxthausen meint, dass der russische Ackerbau bei dem jetzigen System unter Voraussetzung einiger geringfügiger Aenderungen immerhin die Stufe des französischen Ackerbaues erreichen könne. (?!)[74]) Aber er wie die übrigen Anhänger, besonders auch diejenigen der Herzen'schen Richtung, wenden ein, dass es gar nicht allein auf die Productivität des landwirthschaftlichen Betriebs, sondern vor Allem auf die Lage ankomme, in welcher sich die beim Landbau betheiligten Personen befinden. Immerhin möge die Verbesserung des Ackerbaues beim »occidentalischen System des Grundeigenthums« bedeutender sein, aber die Mehrheit der Bevölkerung hungre dabei und nur Wenige bereicherten sich auf deren Kosten.[75]) Mit diesem Einwande wird zugleich der Hauptvortheil aufgestellt, welchen die Anhänger des russischen Systems letzterem, wie wir alsbald sehen werden, nachrühmen. Ausserdem enthält dieser Punct nur die Anwendung der bekannten Formel, in welche das ökonomische System von Marx-Lassalle alle

Vorwürfe gegen das herrschende kapitalistische Productionssystem zusammengefasst hat, auf den speciellen Fall der Agrarproduction: dass stets nur die Vermehrung der Production erstrebt werde, unbekümmert um die Frage der Vertheilung des Productionsertrags, also darum, wem denn jene Vermehrung zu Gute komme —, nach der socialdemokratischen Behauptung fast ausschliesslich den »herrschenden Classen« der Unternehmer, (grossen) Grundeigenthümer und Kapitalisten.

Das Korn Wahrheit, welches in diesem Vorwurf gegen das bestehende Productionssystem und zugleich in dieser Polemik gegen die herrschende volkswirthschaftliche Doctrin enthalten ist, braucht nicht verkannt zu werden, aber noch weniger überschätze man seine Bedeutung. In der maasslosen Uebertreibung jener socialdemokratischen Vorwürfe tritt nur das innere Wesen des »neuen ökonomischen Systems« besonders deutlich hervor: jenes Princip des Neids gegen die, deren Lage sich relativ noch mehr verbessert, unbekümmert darum, dass es Dank dem wirthschaftlichen Fortschritt allen an der Production Betheiligten und der ganzen Bevölkerung gleichfalls absolut viel besser geht als früher. Grade dieses gilt aber in unserem vorliegenden Falle ganz besonders. Auch dafür sind die russischen Erfahrungen wieder als Argument aus dem Gegentheil lehrreich genug. Bei den Rückschritten der dortigen Landwirthschaft in den letzten Jahren und der dadurch stark verschlimmerten Einwirkung der ungünstigen, nassen Witterung, welche zur Missernte von 1867 führte, ist der böse Einfluss der bestehenden Agrarverfassung so recht deutlich zum Vorschein gekommen[76]): es wurde Dank dem ländlichen Communismus allgemein immer weniger Getreide producirt und diese Verminderung der Production hat in ganzen Provinzen zur wahren Hungersnoth geführt, zu einer Noth, gegen welche die gleichzeitige ostpreussische weit zurücktritt. Auch die grossen Grundbesitzer haben wegen des Mangels an

Arbeitern und der allgemeinen Zerrüttung weniger geerntet, und stark genug gelitten: am traurigsten aber war wie immer in solchen Fällen gerade die Lage der Massen.

Es mag gern zugegeben werden, dass die volkswirthschaftliche Theorie und Praxis zu sehr nur die Production, zu wenig die Distribution der Güter in's Auge fassen. Gewiss dürfen wegen der Lichtseiten dort die Schattenseiten hier in unseren heutigen Zuständen nicht verkannt werden. Aber über das Grundaxiom, dass der Productionsertrag der Fonds ist, aus welchem die Bevölkerung ihre Bedürfnisse befriedigt oder über den berühmten Satz von Adam Smith, in welchem dieser jenes Axiom formulirt und den er an die Spitze seines unsterblichen Werks stellt: dass „das, was ein Volk im Jahre erarbeitet, die Quelle ist, woraus es das Nöthige für die Lebensbedürfnisse und Genüsse schöpft, die es jährlich zu befriedigen hat,"[77] — über diesen Satz sich hinwegsetzen, das heisst eben nichts Anderes, als ins Blaue hinein raisonniren. Lasst uns über Adam Smith hinaus, aber doch nicht wieder hinter ihn zurückgehen! Die Vermehrung dieses Arbeits- oder Productionsertrags und eine solche Einrichtung des Productionsprocesses, welche eine Vermehrung begünstigt, das sind daher in der That Lebensinteressen der Gesammtheit. Durch das Institut des Privateigenthums am Boden werden diese Interessen in der Agrarproduction am besten gewahrt. Kurz, die richtige Lösung der landwirthschaftlichen Productionsfrage ist doch die Voraussetzung dafür, dass die Beschäftigung mit der Frage der guten Distribution der Agrarproducte unter die an der Production Betheiligten und unter die ganze Bevölkerung überhaupt nur praktische Bedeutung erlange. Wo nichts ist, da hat der Kaiser sein Recht verloren. Verlangen die Arbeiter mehr?

Gegen den dritten der oben erwähnten Vorwürfe, welche der russischen Agrar- und Gemeindeverfassung gemacht werden, den Vorwurf der schlimmen Wirkung der Solidarhaft der

Gemeinde, haben russische Anhänger dieser Verfassung, wie Koscheljew und Kawelin, eingewandt, dass diese Haftung mit dem System des Gemeindeeigenthums gar nicht nothwendig verbunden sei.[78)] Sie wollen hier die russische Dorfgemeinde als staatspflichtige und als grundbesitzliche unterscheiden und behaupten, die Einwürfe gegen die nachtheilige Wirkung der Solidarhaft und zum Theil auch gegen die jede Freiheit lähmende Zwangsgewalt der Gemeinde träfen nur die erste, die staatspflichtige Gemeinde. Diese geben sie selbst preis, nur die grundbesitzliche wollen sie, mit gewissen Modificationen, aber im Wesentlichen nach den bisherigen Principien, erhalten wissen. Gegen diese Ansicht ist in Betreff der specifisch russischen Seite der Frage einzuwenden, dass sie mit der von Tschitscherin dargelegten geschichtlichen Entwicklung des russischen Gemeindebesitzes in Widerspruch steht. Denn danach ist die staatspflichtige Gemeinde der Ursprung und die Ursache der grundbesitzlichen. Es muss aber auch dahingestellt bleiben, selbst wenn man mit Kawelin und Schédo-Ferroti die periodischen Theilungen der Gemeindeländereien aufgiebt, ob man bei dem Bestehenbleiben des Gemeindeeigenthums nicht nothwendig die Solidarhaft unter den wirklich Boden bebauenden Gemeindegliedern beibehalten muss. Dieser Ansicht ist wenigstens Schédo-Ferroti gleichfalls.[79)] Nur der nichtgrundbesitzliche Theil der Dorfbevölkerung, welcher beim Verlassen der periodischen Theilungen über kurz oder lang sich bilden wird, könnte dann aus der Solidarhaft austreten.[80)]

Im Betriebe der Landwirthschaft durch die »solidarisirten Gemeinden« der Socialdemokraten oder nach ähnlichen Projecten würde die strengste Solidarhaft aller Gemeindegenossen und die stärkste discretionäre Zwangsgewalt der Gemeindeversammlungen und ihrer Executivorgane (welche letzteren doch auch hier nicht zu entbehren sind) vollends zu den Grundpfeilern des ganzen ökonomischen Gebäudes gehören.

Die Vortheile, welche die Anhänger des russischen Landsystems hervorheben, hat Schédo-Ferroti in folgenden fünf Puncten zusammengefasst.[81] Einmal mache das System, indem es jedem erwachsenen Arbeiter seinen Antheil am Gemeindeland sichere, für immer das Proletariat in Russland unmöglich; sodann schütze es die Kinder vor den Folgen des Unglücks oder der Liederlichkeit und Untüchtigkeit ihrer Eltern; drittens begünstige es die Volksvermehrung, indem es die Niederlassung erleichtere; viertens schaffe es in den Landgemeinden ein auch politisch so wichtiges und heilsames conservatives Element in der grossen Zahl der Grundbesitzer; fünftens endlich schütze es durch das »unveräusserliche Erbgut des Volks«, das Gemeindeland, für immer die arbeitende Classe vor dem Druck durch das Kapital, also das ganze Reich vor dem schlimmsten und gefährlichsten Uebelstand des europäischen Westens, vor dem schreienden Gegensatz und dem nahen Classenkampf zwischen Arbeitern und Kapitalisten. Man erkennt leicht, dass diese fünf Puncte nicht streng coordinirte Sätze enthalten, der erste und fünfte grossentheils zusammenfallen und die drei andern blosse Folgerungen aus jenen Sätzen sind. Man hat es im Grunde also doch nur mit dem einen Hauptargument zu Gunsten des Gemeindebesitzes am Boden zu thun, welches v. Haxthausen zuerst so scharf formulirte, bei jeder Gelegenheit wiederholte und worin alle russischen Anhänger des Systems ihm nachbeteten: die Sicherung vor Proletariat, wie die Conservativen, die Beseitigung des Gegensatzes zwischen Kapital, Grundeigenthum einer-, Arbeit andererseits, wie die Volkswirthe, die Zutheilung des ganzen Productionsertrags an die Arbeiter, wie die Socialdemokraten das Problem, das doch nur ein einziges ist, ausdrücken.

Dass manche der günstigen Seiten, welche nach der obigen Darlegung dem russischen Landsystem nachgerühmt werden, nur unter den specifischen Verhältnissen des heutigen Russlands vorkommen können, bedarf wohl bloss der Andeutung. Schwache Volksdichtigkeit und grosse, noch unbebaute Landstrecken charakterisiren Russland. Im Westen würde wegen der entgegengesetzten Verhältnisse schon Alles anders sein. Der zweite Grund, die Sicherung der Kinder vor den ökonomischen Folgen des Missgeschicks und der Laster ihrer Eltern, ist eher ein Gegengrund, indem er eines der wirksamsten, ethischen Principien der Wirthschaftlichkeit der Eltern lähmt. Der vierte Grund ist nach der russischen und westeuropäischen Erfahrung gleichfalls nicht zu Gunsten des Gemeinde- sondern des Privateigenthums am Boden anzuführen: kein tüchtigeres, conservatives Element als unsre deutschen Bauern auf eigener Scholle, kein schlechteres als der russische Bauer ohne Erb- und Familien- und Eigengut. Der dritte Grund endlich, dass das russische System die Volksvermehrung begünstige, ist auch nur durchaus relativ, unter Verhältnissen des Volks und Staats, unter welchen diese raschere Vermehrung zu wünschen ist, ein Grund für, sonst eher ein Grund gegen das Gemeindeeigenthum. Wer, wie ich, mit der «englischen» nationalökonomischen Schule, die dauernd günstige Lage der unteren Classen am sichersten immer nur durch eine im Verhältniss zur Kapitalvermehrung und zu den Fortschritten der technischen Productionsmethoden nicht zu schnelle Volksvermehrung verbürgt sieht, der wird ohnehin dieses letzterwähnte Argument nur mit grosser Vorsicht in die ganze Streitfrage hineinziehen. Selbst in Russland wird sich dies empfehlen, denn wenn über kurz oder lang die dortige Bevölkerung entsprechend gewachsen ist, so wird auch hier die weitere Volksvermehrung ähnlich wie im Westen nur ganz bedingt zu wünschen sein, zumal das Klima im grössten Theile Russlands wahrscheinlich niemals eine der mittleren westeuropäischen Volksdichtigkeit ähnliche gestatten wird.

So bleibt denn nur der eine vermeintliche Vortheil des Gemeindeeigenthums am Boden übrig: die dauernde Sicherung der bürgerlichen Gesellschaft vor Proletariat. In immer neuen Wendungen wird dieser eine Gedanke von allen Anhängern des russischen Systems wiederholt. Je nach seinem politischen, socialen, volkswirthschaftlichen und selbst religiösen Standpunct sucht jeder Freund des russischen Landsystems jenem Gedanken neue Seiten abzugewinnen, und segensreiche Folgen aus der Verwirklichung des Princips abzuleiten. Auch die gemässigten, vernünftigen Anhänger, welche im Uebrigen auf dem realen Boden der neueren Volkswirthschaft stehen, die slavophilischen und socialdemokratischen Hoffnungen und Pläne als Illusionen und Utopien verurtheilen und die völlige Beseitigung des Proletariats und die Grundbesitzlichkeit der ganzen Landbevölkerung auch durch das russische Agrar- und Gemeindeprincip nicht für ermöglicht betrachten, Männer wie Kawelin und selbst Schédo-Ferroti[82]) glauben immerhin in der nur passend zu reformirenden russischen Institution das relativ beste Hilfsmittel gegen viele Schäden moderner volkswirthschaftlicher Zustände gefunden zu haben. Auch diesen Männern schwebt beim westeuropäischen System des privaten Grundeigenthums immer die Gefahr jenes »Enteignungs- und Enterbungsprocesses« der kleinen Grundeigenthümer vor, welchen wie wir früher sahen die Socialdemokraten als die absolut nothwendige Folge des »herrschenden ökonomischen Systems« mit so düstern Farben zu schildern wissen. Die einseitige Deutung doch immer sehr alleinstehender und durch besondere Umstände sich erklärender Agrarverhältnisse wie der englischen kommt auch bei diesen gemässigteren Anhängern des russischen Landsystems zur Geltung. Es wirkt zu der Auffassung aber auch die in Russland seit lange verbreitete und zur Zeit des Kaisers Nicolaus auch unter den Hochtories des Westens beliebte Ueberschätzung des westeuropäischen socialen Krankheitsstoffs mit und damit verbunden die vollends unbegreifliche Ansicht, welche den Slaven von heute gegenüber dem Occident die weltgeschichtliche Rolle der Germanen des Tacitus gegenüber dem alten Rom zuschreibt.[83]) Man denke an das heute schon nur noch mythisch klingende Wort Friedrich Wilhelm's IV im Jahre 1848: jetzt beginnt die slavische Weltepoche! Glaubt daran wohl heute noch ein ehrlicher Russe, — geschweige ein Deutscher nach 1866? Auch v. Haxthausen's Standpunct wird erst erklärlich, wenn man sich diesen traurigen politischen Geist der höheren Klassen Deutschlands während der doch wahrlich sehr vergänglichen nicolaitischen Epoche vergegenwärtigt. Immerhin aber ist die Hinneigung der Conservativen zum russischen Landsystem in jeder Hinsicht unendlich besonnener und anerkennenswerther als diejenige der wüsten Socialdemokratie und kann daher auch bei den Gegnern auf eine gewisse Sympathie rechnen.

Ja, mit Schédo-Ferroti, welcher zunächst für Russland schreibt, ist unter den noch obwaltenden Bevölkerungsverhältnissen dieses Landes eine Verständigung wohl möglich. Nach ihm soll die russische Gemeinde- und Agrarverfassung nur reformirt, dabei aber einige ihrer Hauptgrundsätze erhalten werden.[84]) Die Gemeinde als solche soll Eigenthümerin des gesammten Bodens bleiben, die einzelnen Gemeindeglieder aber unter Aufhebung des Princips der bisherigen periodischen Theilungen, also nach Vornahme einer letzten definitiven Theilung, die immerwährende erbliche Nutzniessung ihres Landlooses bekommen. Jeder Bauer soll über den Boden im übrigen frei verfügen, über ihn testiren, ihn verpfänden, veräussern dürfen, aber immer nur zum Niessbrauch und vorbehaltlich der Entrichtung der Abgaben, welche auf dem Boden lasten. Auf diese Weise kann die Ungleichheit des Bodenbesitzes eintreten und dies verhüten zu wollen, wird mit Recht von Schédo-Ferroti als ein Hauptmangel der bestehenden russischen Verfassung bezeichnet. Denn danach war bisher die Trägheit und Liederlichkeit prämiirt und der Tüchtigkeit und dem Fleiss der nothwendige Ansporn, es auch in der Landwirthschaft zu etwas zu bringen, entzogen. Um jedoch die Grundbesitzlichkeit der einzelnen Bauern innerhalb einer Dorfgemeinde wieder nicht zu ungleich werden zu lassen, so dass das in wenigen Händen vereinigte Land den kleinen Vermögen ganz unzugänglich werde, will Schédo-Ferroti ein Maximum z. B. vom 3—5 fachen Umfange eines gewöhnlichen Landlooses statuiren, über welches hinaus Niemand in einer Hand Gemeindeland soll vereinigen können. Dem nahe liegenden Einwand, dass auf diese Weise doch bald wieder der besonderen Tüchtigkeit der Strebsamsten der Ansporn zur weiteren Entwicklung entzogen wird, sucht unser Verfasser dadurch zu begegnen, dass es einem solchen Bauern, welcher in Besitz des Maximums gelangt ist, frei stehe, ausserhalb der Landgemeinden (also nicht nur seiner eigenen, sondern aller) neuen Grund und Boden hinzu zu erwerben. Damit ist grundherrlicher und vielleicht Kronsboden gemeint, von welchem es nur dahin steht, ob er in der Nachbarschaft, in erforderlichen Landparcellen u. s. w. zu erlangen sei. In scharfsinniger Weise begründet Schédo-Ferroti seinen Plan noch näher im Einzelnen. Es würde uns zu weit führen, darauf hier einzugehen. Immerhin will ich gern zugestehen, dass dieser Plan grade in Russland eine speciellere Prüfung verdient, da hier die Bedingungen seiner Ausfuhrbarkeit, geringe Bevölkerung und viel unbebautes oder kaum bebautes Land, noch vorhanden sind. Nur als Uebergangsstadium möchte der Plan freilich auch in Russland wohl anzusehen sein. Denn bei bedeutend grösserer Volksdichtigkeit würde er ähnliche Nachtheile für die Production mit sich bringen wie bei dem jetzigen Stand der Bevölkerung und des auswärtigen Absatzes der Agrarprodukte das gegenwärtige Landsystem. Damit haben wir zugleich schon den Punct herausgefunden, welcher die Annahme eines solchen Plans in Mittel- und Westeuropa kaum nur in ernstliche Erwägung zu ziehen erlaubt: eben die

Verschiedenheit unserer Bevölkerungsverhältnisse und unserer Bodenmaasse. Jede Annäherung an das russische Landsystem würde bei uns eine vorausgehende ausserordentliche Verminderung der Bevölkerung voraussetzen.

Fällt denn aber, wie die Anhänger des Gemeindebesitzes behaupten, der Vergleich der wirthschaftlichen, geistigen und sittlichen Lage unserer ländlichen Bevölkerung und der russischen Bauern irgend zu Gunsten der letzteren aus? Besitzt der Westen wirklich ein so grosses, gefährliches ländliches Proletariat, von welchem Russland frei ist? Befindet sich dieses westeuropäische «Proletariat» in einer so elenden Lage? Nur Parteilichkeit und Blindheit kann diese Fragen bejahen und den russischen Zuständen irgend den Vorzug einräumen. Nur ein leerer Wortstreit ist es, von ländlichem Proletariat in West- und Mitteleuropa zu reden und 'das Vorhandensein solchen Proletariats in Russland zu läugnen. Wenn Derjenige Proletarier heisst, welcher auf dem platten Lande kein Grundeigenthum oder kein unentgeltliches Nutzniessungsrecht am Boden hat, so kann man freilich im Westen viele, im Osten nur sehr wenige ländliche Proletarier finden. Wenn dagegen mit viel besseren Gründen diejenigen Proletarier genannt werden, welche in kümmerlichster Weise von der Hand in den Mund leben, fast kein Kapital zu eigener Wirthschaft haben, ihr Geschäft erbärmlich verstehen und noch erbärmlicher betreiben, auf sehr niedrer Stufe der Intelligenz, Bildung und Sittlichkeit stehen, sich im kleinsten besonderen Unglücksfall niemals selbst helfen können, jedes ernstlichen Strebens und Könnens im wirthschaftlichen und culturlichen und sittlichen Vorwärtskommen baar und ledig, kurz Leute, welche so beschaffen sind, wie die früher mitgetheilten Aussprüche gebildeter Russen ihre bäuerlichen Landsleute schildern — so kann doch wahrlich nur die Verblendung und Entstellung läugnen, dass die ungeheuere Mehrzahl der russischen Bauern und somit des russischen

Volks Proletarier der schlimmsten Art sind. Mittel- und West-, europa bieten in irgend grösserer localer Ausdehnung auch nicht entfernt ein ähnlich zahlreiches, ähnlich schlimm gestelltes ländliches Proletariat wie es in Grossrussland, nicht allein, aber wesentlich mit in Folge seines Gemeindeeigenthums am Boden oder seines fehlenden privaten Grundeigenthums zu finden ist. Wer nicht durch Haxthausen'sche Brillen sieht und sich nicht wie er durch Potemkin'sche Coulissenbilder irre führen lässt, der ist darüber nicht im Zweifel.

Hören wir zum Schluss noch den Verfasser von «Land und Freiheit» über diesen Punct. «Ziemlich allgemein, sagt er, ist in Russland die Ansicht verbreitet, dass der gleiche Anspruch aller bäuerlichen Individuen an Parcellen des ländlichen Grund und Bodens die russische Gesellschaft vor dem Proletariat bewahre. Ist denn die Lage des Bauern, der ein Gehöft und ausser diesem Gehöft noch eine Parcelle des Gemeindelands besitzt, den sein Grundstück aber nicht ernähren kann, etwa besser als die des Unbesitzlichen, der, ob auch in fremdem Hause, gehörig erwärmt, ob auch an fremdem Tische, gehörig gesättigt wird?»[85])

Ja, angesichts der wirklichen Lage in Russland ist es ein wahrer Hohn, das Gemeindeeigenthum am Boden ein Rettungsmittel gegen Proletariat zu nennen! Wenn es noch hiesse: ein Sicherungsmittel gegen Vermögensungleichheiten der ländlichen Bevölkerung! Das ist es, aber nur um den Preis der gleichen proletarischen Existenz, der gleichen Vermögenslosigkeit Aller.[86]) «Bei jeder Missernte rufen unsere besitzlichen Bauern die Hilfe der Regierung an und werden sie anrufen, während die Bevölkerung in denjenigen Provinzen, wo es Landleute giebt, welche keinen Grundbesitz haben, selbst für sich sorgt,» sagt der Verfasser von «Land und Freiheit.»

Getrost mag man unsere modernen Gracchen im Westen, welche mit Ackergesetzen nach russischen Principien die ländchen Taglöhner und Kleinbauern aufhetzen wollen, auf diese russischen Erfahrungen hinweisen. In Russland hat sich gezeigt, wohin ein ökonomisches System führt, welches einseitig die möglichst gleiche Vertheilung der in der Volkswirthschaft erzeugten Güter ins Auge fasst, ohne zuvor für eine ordentliche Produktion und hierdurch dafür zu sorgen, dass etwas Ordentliches zu vertheilen ist. Zuerst ein tüchtiges Productionssystem, welches in der Landwirthschaft das private Grundeigenthum zur Voraussetzung hat, alsdann möglichste Fürsorge für die gute Distribution der Güter. Das ist der richtige Weg zum Ziele, auf welchem sich der Occident befindet. Das Ziel liegt freilich noch fern und viel bleibt nach zur besten Lösung des zweiten Theils der Aufgabe zu thun übrig. Aber weil der erste Theil der letzteren wenigstens richtig bei uns gelöst wird, ist doch die Möglichkeit gegeben, auch mit dem zweiten Theile fertig zu werden. Der Weg des Agrarcommunismus führt nur vollständig in jeder Beziehung vom Ziele ab.

Noten.

¹) Zu S. 1. „Verhandlungen d. IV. Congresses des internat. Arbeiterbu in Basel", Nr. 5. u. 6., vom 11. u. 12. Sept. 1869. Die Ausführungen im T sind diesem Bericht entnommen.

²) Zu S. 2. Becker aus Genf, Verhandl. S. 59.

³) Zu S. 3. Vgl. von den u. in Anm. 16 genannten Schriften bes. Sebé Ferroti, S. 52 ff., 65, 69, 70, 91 ff., v. Haxthausen, ländl. Verfass. R lands S. 408 ff, Kawelin, Tüb. Ztschr. XX, 21 ff.

⁴) Zu S. 6. Stepnay aus London, Verhandl. S. 55. Vgl. eine ähnl. N bei Roscher II, § 71 Anm. 10 (nach Stein-Wappäus Geogr. I, 2 S. 993).

⁵) Zu S. 7. S. auch v. Bock, livländ. Beiträge (überhaupt ein Werk (grossem Interesse für den deutschen Politiker) III (Neue Folge I) Leipz. H 2 (1869) S. 22 u. H. 3 (1870) S. 25 ff. und den hier cit. Ber. d. Kreuzztg. 20. Jan. 1870 über d. Gen. vers. d. allg. deutschen Arbeitervereins in Ber

⁶) Zu S. 7. Druckort Genf, Buchdruckerei Vaney, 8⁰, 8 S. Das M fest ist mir von befreund. Seite aus Basel zugestellt worden.

⁷) Zu S. 8. Vgl. Roscher, System d. Volkswirthsch. II, Buch 2, K. 4, 7, 8, 11, Rau, Lehrb. d. polit. Oekon. I, § 368—375, II § 76 ff. S. a Schönberg, Landwirthsch. d. Gegenw. u. d. Genossensch. princ., Berl. 18 S. 13 ff, wo das Hindrängen zum Grossbetrieb übrigens stärker als von r im Text betont wird. Die badischen Erfahrungen sprechen für meine Auffassur

⁸) Zu S. 9. Richt. Bemerkung des Russen P. L. Verf. v. „Land u. Fr heit" hierüber in Eckardts Russl. 's ländl. Zustände S. 73. Die Schatte seiten der englischen Entwicklung in so mancher Hinsicht brauchen damit nic bestritten zu werden, was die „herrschende Schule" auch nicht thut, vgl. z. Rau I § 373. Nur mit den englischen Zuständen zu argumentiren, wie d Socialdemokraten thun, ist aber höchst einseitig. Marx's Schilderung sell (Kapital, Hamb. 1867, I, 709 ff) zeigt die specifischen Momente, welche in Er land auf die Entwicklung der neueren Grundeigenthumsverhältnisse von Ei fluss waren. In Baden hält der Grossgrundbesitz die Concurrenz der klein Besitzer immer weniger aus.

⁹) Zu S. 10. S. Jahrb. f. d. amtl. Statist. d. Preuss. Staats, Berl. 1869, 1 S. 18 ff. die Tab. üb. d. Vertheil. d. Grundeigenth.'s., bes. S. 23 Sp. 15, 31 Sp. 4—12, S. 31—36, u. Meitzen, Bod. u. landw. Verh. d. preuss. Sta Berl. 1868. S. auch Roscher II, § 48, 53, Rau, I, § 368 Anm. c. D Factoren „Volksdichtigkeit" und „Intensivitätsnothwendigkeit" beherrschen jede falls den Entwicklungsgang der Vertheilung des Grundeigenthums nach Güte

grossen im Ganzen, wenn auch Gesetz, Sitte und specielle geschichtliche Momente Abweichungen bedingen, wie auch die Unregelmässigkeit der Bodenzertheilung in den einzelnen preuss. Provinzen zeigt.

¹⁰) Zu S. 11. Aehnlich, doch mehr (zu viel?) sich der andren Ansicht nähernd Schönberg a. a. O. S. 15.

¹¹) Zu S. 12. S. Rodbertus-Jagetzow, z. Erklär. u. Abhilfe d. heut. Creditnoth des Grundbesitzes, Jena 1869 I, 17 u. mehrfach. In der Hauptsache scheint mir der Verf. Recht zu haben.' Vgl. übrigens d. Besprech. v. Conrad, Hildebr. Jahrb. f. Nat.-Oek. XI, 345 ff, XIII, 270, 274.

¹²) Zu S. 14. Es ist nur gerecht, von einem ökonom. System Marx-Lassalle zu reden, da die allgemeinen Theoreme von ersterem herrühren; s. d. „Vindication seines geist. Eigenthums" gegen Lassalle in Marx, Kapital, 1 S. VIII Anm.

¹³) Zu S. 16. Manifest S. 6, 7. Vgl. die ähnl., aber besonnene Forderung der Gründung von landwirthsch. Productivgenossenschaften bei Schönberg, S. 33.

¹⁴) Zu S. 19. S. Roscher II, B. 2, Kap. 6, bes. § 71. Ueber die frühere Geschichte der deutschen Agrarverfass. u. der ländl. Verhältnisse s. v. Maurer, Einleit. z. Gesch. d. Mark-Hof- u. s. w. Verfass., Erl. 1854, ders. Gesch. d. Markenverf. 1856, ders. Gesch. d. Frohnhöfe, d. Bauerhöfe u. s. w., 4 B. 1862 ff; Roscher, Ans. d. Volkswirthsch. Lpz. 1861 Abh. 2 über d. Landwirthsch. d. ältesten Deutschen; Stüve, Wes. u. Verf. d. Landgemeinden in Niedersachsen u. Westph. Jena 1851, bes. § 7 ff.; namentlich aber Waitz, deutsche Verf. gesch. I (2. Aufl. Kiel, 1865) bes. K. 4; s. auch Hanssen, z. Gesch. d. Feldsysteme in Deutschl., Tüb. Ztschr. f. Staatswiss. Bd. 21, 22, 24. Ferner spec. noch über d. Feldgemeinsch. u. neuere Ueberbleibsel: Nasse, üb. d. mittelalt. Feldgemeinsch. u. s. w. in England, Bonn 1869, Hanssen, d. Gehöferschaften im R.-B. Trier, Berl. 1863 (Abh. d. Akad.), Achenbach, Hauberg-genossenschaften d. Siegerlands, Bonn 1863.

¹⁵) Zu S. 20. S. Rau II, § 84.

¹⁶) Zu S. 20. Das deutsche (und westeuropäische) Hauptwerk über die ländlichen Verhältnisse Russlands ist immer noch das weitläufige Reisewerk v. Haxthausen's, Studien üb. d. inn. Zustände, d. Volksleben u. insbes. d. ländl. Einrichtungen Russlands, 3 B. Hannov. 1847—52, s. bes. I, 119, 124 ff — 138, 154, 156, auch III, 3 (H. 's Beziehungen zu den Slawophilen Samarin, Aksakow u. a. m.), 7, Kap. 4 S. 115 ff., 125, 141, 151, 152, 157. Einschlagende Einzelheiten u. A. I, 240, 284 ff., 303, 442, 443 (russ. Landsyst. bei den Tscheremissen, aber gemeins. Feld- u. Erntearbeit u. Theilung der Ernte, nicht der Felder vielfach), 491 (russ. Syst. bei Tartaren bei Kasan); II, 10, 11, 31, 34; S. 36, 39, 42 (russ. Syst. in den deutschen Colon. bei Saratow); 69, 70, 74 (dsgl. bei Tartaren); 96, 115, 130, 190, 282, 429, 472 (Höfe, kein Gemeindeeigenth. in Podolien); 485, 493. — S. ferner v. Haxthausen de l'abolition par voie législat. du partage égal et tempor. des terres dans l. communes russes, Par. 1858 (Votum gegen den zur Zeit der Vorbereit. der Emanc. gesetzgebung in Russland gehegten Plan, gesetzlich gleichzeitig die period. Landtheilungen aufzuheben); endlich v. Haxthausen, ländl. Verfass. Russlands, Lpz. 1866, bes. eine Darlegung der russ. Emanc. gesetzgebung v. 1861, s. nam. Einleit. u. S. 371 ff.; dann „über d. russ. Gemeinde" S. 410 ff. Freiherr v. H. ist poli-

tisch, kirchlich (katholisch) und nationalökonomisch einer jener russomanischen deutschen Pseudoconservativen aus der Regierungszeit Nicolaus' (vgl. z. B. die charakterist. wahrhaft schamlose Bemerk. und Schadenfreude über Deutschlands Demüthigung in Schlesw.-Holst. 1848 ff., Stud. III, 232). Durch diesen Standpunct u. die Vorliebe für alles Russische wird sein guter Blick oft getrübt, über seinen schönfärbenden Enthusiasmus habe ich in Russland von Russen selbst öfters spötteln hören. Seine allgemeinen Schlüsse sind nur mit grosser Vorsicht aufzunehmen. S. auch v. Bock, deutsch-russ. Conflict, Lpz. 1869, S 76.

Weitere, meist neuere u. neueste einschlagende Schriften sind: Tschitscherin, Art. Leibeigensch. in Russl., Staatswörterb. v. Bluntschli u. Brater VI, 393 ff. (für die geschichtl. Entwickl. um so wichtiger, da diese in Deutschl. bisher fast unbekannt; üb. Gemeindeeigenth. (S. 396, 411): v. Bistram, rechtl. Nat. d. Stadt- u. Landgemeinde, Petersb. 1866 (Dorp. Preisschr.) (auch bes. über die histor. Entwickl., S. 60 ff, nach Tschitscherin's Arbeiten); Kawelin, Einiges üb. d. russ. Dorfgemeinde, Tüb. Ztschr. f. Staatswiss. XX, 1 ff. mit Zus. v. Helferich (K. ist maassvoller Anhänger des russ. Princips), Schédo-Ferroti (Baron Fircks) études sur l'avenir de la Russie, X. ét. le patrim. du peuple, Berl. 1868 (S. 1 ff. auch über die geschichtl. Entwickl., sonst besonnene Kritik, Reformvorschläge, mit Beibehaltung gewisser Grundsätze der bisher. Gem. u. Agrarverfass.); bes. aber J. Eckardt, balt. u. russ. Culturstudien, Lpz. 1869, d. Abh. „d. russ. Gemeindebesitz" S. 480 ff. (namentlich über den Zusammenhang der Agrarfrage mit den allgem. polit. u. socialen Ideen im heut. Russland, s. bes. über die Beziehungen v. Haxthausen's zu den Slavophilen S. 482 ff.); ferner Eckardt, Russlds. ländl. Zustände, Lpz. 1870 (eine allgem. Einleitung über d. Institut des Gemeindebesitzes u. d. Emancip. gesetzgeb., u. 3 russ. Urtheile über die — trostlose — Lage der ländl. Verhältnisse, von dem Conservativen P. L. über „Land und Freiheit", dem Slawophilen Koscheljew u. von einem Correspondenten der nationalen Mosk. Ztg.); v. Buschen, d. Freibauern Russlands, Tüb. Ztschr. f. Staatswiss. XV. 221 ff. u. ders. Ueber. d. Entsteh. u. s. w. der Leibeigensch. etc., ebendas. XVII, 540 ff. (Geschichtl. Entwickl.); vgl. ferner einen (mir im Augenblick nicht vorliegenden) Aufs. in den Preuss. Jahrb. 1868; dann noch Walcker, Selbstverw. d. Steuerwes. u. russ. Steuerref., Berl. 1869, passim, bes. § 41, S. 283 u. ebendas. üb. P. L.'s. Schrift „Land u. Freiheit" S. 323 ff. Vgl. auch v. Bock, deutsch-russ. Conflict a. d. Ostsee, Lpz. 1869, die Abh. „die livländ. Landgemeinde im Lichte der russischen u. vice versa" S. 65 ff. mit Auszügen aus P. L. (v. Lilienfeld) u. Schédo-Ferroti, ferner Livländ. Beitr. II, 583 ff. (dsgl. Auszüge aus diesen beiden Schriften und über eine die trostlose Lage schildernde Denkschr. des Plesk. Gouverneurs Obuchow. — Von den grossen russ. Zeitungen war Katkow's Mosk. Ztg. bis zum poln. Aufstande gegen, Aksakow's Moskwa für das russ. Landsystem, der conservat. Westj dagegen. Von sonstigen bekannteren Namen sind die Slavophilen Bjeljajew, Koscheljew (s. aber ob. Abh. bei Eckardt), Samarin, Fürst Tscherkasski, aus Gründen romantischer Nationalitätspolitik, die rothen Socialdemokraten von der Schule Al. Herzen's, die russ. Socialisten Tschernischewski, Panaeff, nach ihrem ganzen System Anhänger des Gemeindebesitzes; der nüchterne Historiker Tschitscherin, der mit Bjeljajew einen Strauss über die Frage gefochten, der Nationalökonom Wernadski sind Gegner. —

[17]) Zu S. 22. Die von v. Haxthausen, Studien I, 138 ff. und vielfach abgewiesene Verbindung zwischen russ. u. westeurop. communist. Tendenzen ist bei jeder Gelegenheit neuerdings hervorgetreten; man vgl. nur Turgenjew's Romane; s. auch P. L. bei Eckardt, S. 103 üb. die russ. Bureaukratie.

[18]) Zu S. 22. S. v. Haxthausen, Studien I, 156, III, 151; üb. d. Nachbeten der Ideen eines Deutschen seitens der Russen s. Eckardt, Kult.stud. 482 512 und die nüchterne Ansicht des Russen P. L. bei Eckardt a. a. O. S. 72 ff. Berührung der Extreme: Haxthausen und — Al. Herzen s. in d. erstren ländl. Verf. Russlds. S. 65!

[19]) Zu S. 22. S. Eckardt, Studien, S. 512.

[20]) Zu S. 22. S. ebendas. S. 515.

[21]) Zu S. 22. S. den Abschnitt III meiner vorlieg. Schrift und vgl. die 3 von Eckardt a. a. O. übersetzten russ. Aufsätze u. dagegen v. Haxthausen, ländl. Verf. R.s S. 373! —

[22]) Zu S. 23. Vgl. die 3 Bände der oben Anm. 5 schon gen. Livländ. Beiträge v. Bock. Ueber die gesunde, nach bewährtem westeurop. Reformmuster sich entwickelnde Auseinandersetzung zw. Grundherrn u. Bauern u. über die Landesausstattung der letzteren im Wege billigen Abkaufs in Livland, s. v. Jung-Stilling, statist. Mater. zur Beleucht. livl. Bauerverhältnisse, Petersb. 1868. Und wie wird doch das Werk durch russ. Wühlerei unter den Bauern gehemmt! S. z. B. v. Bock, livl. Beitr. III, H. 3 S. 24—26, auch Conflict, die angef. Abh.

[23]) Zu S. 23. Vor Haxthausen'scher Vergötterung Russlands braucht man nicht mehr zu warnen. Die Gesinnung der Russen aller Parteien gegen uns Deutsche zeigt sich in der Misshandlung der balt. Provinzen und in den Stimmen der russ. Blätter, Mosk. Ztg., Golos u. s. w. über Preussen und über unsere nationale Wiedergeburt seit 1866, s. v. Bock, livl. Beitr., bes. B. III die Urtheile russ. Zeitungen.

[24]) Zu S. 24. Darüber s. P. L. bei Eckardt a. a. O. S. 72 ff. Welcher Gegensatz zu v. Haxthausens Optimismus! s. oben Anm. 21.

[25]) Zu S. 24. P. L. ebend. S. 106.

[26]) Zu S. 25. S. bes. J. St. Mill, Grunds. d. polit. Oekon., d. v. Sötbeer, 2. Aufl. Hamb. 1864, B. 1, Kap. 12, S. 139 ff.; auch Roscher, I, § 34, 35, 87, 88 u. II, B. 2, Kap. 6.

[27]) Zu S. 27. Eine gute Abfertigung von Carey's Polemik gegen Ricardo u. dessen Bodenrentegesetz, sowie von Carey's (durchaus nur halbwahrem) „Gesetz vom Gang der Bodencultur vom schlechten zum guten Boden" giebt Berens, Vers. einer krit. Dogmengesch. d. Grundrente, Lpz. 1868 (Dorp. Preisschr.), bes. S. 303 ff. Die Frage hängt mit der im Texte berührten zusammen.

[28]) Zu S. 33. S. Verh. d. Arbeitercongr. in Basel S. 47 u. v. Savigny, Syst. d. heut. röm. Rechts I, § 56, S. 368, 369. Der Hinweis auf S. seitens der Socialdemokraten ist übrigens um so weniger statthaft, da S. hier gar nicht die geschichtliche Entwicklung des „Herrschaftsverhältnisses des Menschen über den Boden" behandelt (wie ich im Texte), sondern einfach von bestimmten

Vermögensarten nach bestimmten positiven Rechtssystemen spricht. „Privatgut u. Privatgenuss" nennt S. hier die „überall vorherrschende, die einzige Vermögensform, mit welcher wir im Privatrecht zu thun haben." Mehr hierher gehören würde Brinz, Pandecten. § 226 ff. über Zweckvermögen, s. bes. S. 1004 ff.

29) Zu S. 35. Vgl. über Einzelheiten in Betr. der Rechtsverh. der Hofstätte bei den Deutschen Waitz, I, 101, 113, bei den Russen Bistram, 63, s. auch Haxthausen, ländl. Verf. R.s S. 240 ff.

30) Zu S. 36. Dörfer bei den Deutschen s. Waitz, I, 108, J. Möser's Ansicht wurde unrichtig verallgemeinert; bei den Russen Haxthausen Stud. III, 141, wo die Einzelhöfe der Odnodworzen (Einhöfner) als muthmasslich allgemein tschudischen Ursprungs bezeichnet werden. Jedenfalls findet sich das Hofsystem bes. bei finn. Stämmen, kommt aber auch in d. westl- und poln. Gouvernements vor. S. auch v. Bock, Conflict S. 83.

31) Zu S. 37. S. Waitz I, 116 ff.

32) Zu S. 38. Roscher II, § 77 ff., Rau II, § 97 ff.

33) Zu S. 38. Roscher II, § 85 ff., Rau II, § 72 ff.

34) Zu S. 38. Waitz, I, 118 ff.

35) Zu S. 38. Waitz, I, 119 ff., Bistram 63 ff.

36) Zu S. 38. Waitz S. 123 ff.

37) Zu S. 39. Roscher II, § 79 ff., Rau II, § 85 ff.

38) Zu S. 39. Roscher II, 188 ff., Rau, Fin.wiss. § 137 ff., Preuss. Statist. Jahrb. III, S. 144. Vom Walde gehören in Preussen (im vor. 1866er Umfange) 59%, Privaten, 41% dem Staate, Gemeinden u. s. w.

39) Zu S. 41. S. P. L. bei Eckardt, S. 61 ff.

40) Zu S. 41. Näheres bei A. Wagner, Russ. Pap. währ., Riga 1868, S. 157 ff., 164. Meine Voraussagungen, dass der russ. Wechselcurs sich nach Aufhören der günst. Exportconjunctur von 1866 ff. bei der thörichten Papiergeldvermehrung zum Zweck von Goldankäufen wieder sehr verschlechtern werde, sind mittlerweile vollständig in Erfüllung gegangen.

41) Zu S. 42. S. uberhaupt Schönberg a. a. O. u. A. S. 27 u. v. Haxthausen, Studien III, 152, I, 138. —

42) Zu S. 43. S. Waitz I, 122 ff. Wenn daselbst Anm. 3 gesagt wird, man „sei einig, dass an eine spätere Umwandlung sei es von Einzelhöfen oder Dörfern ohne Feldgemeinschaft in solche mit derselben nicht zu denken sei", so bedarf dieser Satz nach Tschitscherin's Forschungen über die russ. Agrarverfassung der Einschränkung, s. o. Anm. 16.

43) Zu S. 46. S. d. durchweg treffenden Bemerkungen v. G. Schmoller, z. Gesch. d. deutschen Kleingewerbe im 19. Jahrh., Halle 1870, bes. Vorrede S. X ff., u. Schlussabschn. S. 652 ff., 677 ff.

44) Zu S. 48. Zeitungsnachrichten im März 1870 erwähnten mehrfach der Scheu der russ. Regierung, die versprochene grössere Freizügigkeit eintreten zu lassen. Schédo-Ferroti's Prophezeihungen bewahrheiten sich, s. a. a. O. 102—106.

45) Zu S. 49. Bei jeder Gelegenheit betont Haxthausen die Urwüchsigkeit der russ. Agrarverfassung, s. z. B. Studien III, 125 ff., ländl. Verfass. S. 12 ff., bes. 412 ff, 417 ff. Aehnlich die slawophil. Ueberschwenglichkeit, s. darüber

P. L. bei Eckardt S. 103, Eckardt selbst, Studien S. 500 ff., 512, Schédo-Ferroti S. 38 ff., Haxth. ländl. Verf. S. 413. — Auch Helferich hat sich durch Haxthausen irre führen lassen, Tschitscherin's Art. Leibeigenschaft scheint wenig beachtet worden zu sein, s. Tüb. Ztschr. XX, 47.

46) Zu S. 49. S. Tschitscherin, Staatswb. VI, 396, 411, Bistram, S. 61 ff., Schédo-Ferroti S. 2 ff., v. Buschen Tüb. Ztschr. XVII.

47) Zu S. 50. Tschitscherin a. a. O.

48) Zu S. 50. v. Haxthausen, ländl. Verf. S. 417.

49) Zu S. 51. S. Bistram S. 61.

50) Zu S. 51. S. Tschitscherin a. a. O., in Einzelheiten etwas abweichend v. Buschen. Ich folge Ersterem. S. auch Walcker a. a. O. § 41 S. 189, 193, 334, 335.

51) Zu S. 52. S. auch Eckardt Studien S. 499, P. L. S. 100 ff. bei Eckardt, auch Walcker S. 283—285.

52) Zu S. 52. S. oben die Notizen nach Haxthausen in Anm. 16. Besondres Gewicht hat man auf die freiwillige Annahme des russ. Systems in den deutschen Wolgacolonien gelegt. Ob dadurch etwas Andres als deutsche Neigung, sich fremden Gewohnheiten anzupassen, und als die nicht bestrittene Geeignetheit des russ. Landsystems unter primitiven Wirthschaftsverhältnissen bewiesen wird? Auch sind die Nachrichten zu spärlich.

53) Zu S. 53. S. Eckardt, Studien S. 486.

54) Zu S. 53. Ebendas. S. 484 ff.

55) Zu S. 54. Haxthausen, ländl. Verf. S. 229 ff. P. L. bei Eckardt S. 100—107, Schédo-Ferroti, mehrfach.

56) Zu S. 54. Ich entnehme die Einzelheiten fast allen oben genannten Schriften über die russ. Agrarverfassung. Doch finden sich bei den einzelnen Autoren mancherlei kleine Widersprüche, welche nicht auf örtliche Verschiedenheit der Verhältnisse zurückgeführt werden können.

57) Zu S. 55. S. P. L. bei Eckardt S. 71 ff.

58) Zu S. 55. Manifest v. 26. Aug. 1856 u. Reglement v. 3. Juni 1857. Die Zählungen sind noch immer sehr unvollkommen und dauern mehrere Jahre.

59) Zu S. 56. v. Haxthausen III, 152, s. auch Schédo-Ferroti S. 16 ff.

60) Zu S. 57. Ebendas. S. 23 ff, 43 ff.

61) Zu S. 58. S. P. L. bei Eckardt S. 106.

62) Zu S. 60. S. Eckardt, ländl. Zustände S. VII. Nach Zeitungsnotizen, die ich bei Walcker S. 323 u. v. Bock, Conflict S. 77 finde, wäre P. L., der Verfasser von „Land und Freiheit", P. v. Lilienfeld, früher Gutsbesitzer im Petersb. Gouvern. Der deutsche Name weist nicht auf Deutschthum hin; dem Vernehmen nach ist der Verf. der jetz. griech. orthodoxe Civilgouverneur v. Curland, einer der neuen Beamten, welche das widerrechtliche Russificirungssystem ins baltische Land gebracht hat.

63) Zu S. 60. Bei Eckardt S. 243.

64) Zu S. 61. Ebendas. S. 206—217.

65) Zu S. 61. P. L. bei Eckardt S. 92.

66) Zu S. 61. Nach Koscheljew bei Eckardt S. 209 p.

67) Zu S. 62. Haxthausen, ländl. Verf. S. 373.
68) Zu S. 62. Auf den durchgreifenden Gegensatz zwischen Süd- und No[rd]russland auch in Bezug auf die Frage des Gemeindeeigenthums macht bes[on]ders P. L. aufmerksam, aber auch Schédo-Ferroti u. A. betont den Pu[nkt]
69) Zu S. 63. S. P. L. bei Eckardt S. 64 ff., 67, 71, 72, 154 ff.
70) Zu S. 64. Die Formel, mit welcher in Russland Ukase u. s. w. v[om] Kaiser bestätigt werden.
71) Zu S. 64. Die Abhandlung Koscheljew's bei Eckardt a. a. O. üb[er]geht daher diesen Punkt mit Stillschweigen.
72) Zu S. 65. Schédo-Ferroti S. 72, 57 ff., 77 ff.
73) Zu S. 65. Eb. S. 40 ff., 14 ff.
74) Zu S. 66. v. Haxthausen, Studien I, 138, und ländl. Verf. Rslds. 63 ff.
75) Zu S. 66. Eb. Das Wort von Herzen S. 65. „Vom andern Ufe[r]" Hamb. 1850 S. 162.
76) Zu S. 67. S. Eckardt Studien S. 498; die amtlichen russ. Org[ane] haben den nachtheil. Einfluss des Gemeindebesitzes auf die Hungersnoth v[on] 1867 68 selbst zugegeben.
77) Zu S. 68. A. Smith, wealth of nations der erste Satz.
78) Zu S. 69. Kawelin, Tüb. Ztschr. XX, 2 ff.
79) Zu S. 69. Schédo-Ferroti S. 81.
80) Zu S. 69. Eb. S. 82, 88 ff.
81) Zu S. 70. Eb. S. 46 ff., 28 ff.
82) Zu S. 72. Kawelin a. a. O. S. 21 ff, 27 ff, 30, Schédo-Ferro[ti] S. 52 ff., 65 ff., 74 ff., 122 ff.
83) Zu S. 73. S. z. B. bei Eckardt Studien S. 511 ff. die Tirade Kos[ch]marow's u. die Schilderung der Ansichten der jungruss. Schule Al. Herzen[s] ferner bei Schédo-Ferroti S. 37 das Wort Panaeff's u. d. „Russ. Bote[n]" — Alles wie aus dem Genfer Agrarmanifest! Oder dies aus' jenen Quelle[n]
84) Zu S. 73. Schédo-F. S. 58 ff, 78 ff.
85) Zu S. 76. P. L. bei Eckardt S. 72 ff.
86) Zu S. 76. Man vergleiche die in jeder Hinsicht für Livland und da[s] für das „westeurop. Landsystem" günstige Parallele, welche v. Bock, Con[tr.] a. a. O., zwischen der Lage des estnischen und des russischen Bau[ern] zieht. Auch die Bemerkungen des Pleskauer Gouverneurs Obuchow über [die] wirthschaftliche Ueberlegenheit des ostseeprovincialen Bauers über den russische[n] sind bemerkenswerth, s. v. Bock, livl. Beitr. II, 584.

Berichtigungen.

Seite 3. Zeile 3 v. o. lies „sei" statt „sie".
 „ 18. Z. 10 und 9 v. u. lies „Wenigbesitzenden" statt „Wenigbestehende[n]"
 „ 44. Z. 1 v. o. lies „ums" statt „uns".

Druck von Leopold & Bär in Leipzig.